Nylands Kleine Westfälische Bibliothek 130

www.nyland.de
nyland@nyland.de

Erwin Grosche
Lesebuch

Zusammengestellt und
mit einem Nachwort von
Walter Gödden

Nyland-Stiftung

Nylands Kleine Westfälische Bibliothek 130

Nylands Kleine Westfälische Bibliothek
herausgegeben im Auftrag der Nyland-Stiftung, Köln,
in Zusammenarbeit mit der
Literaturkommission für Westfalen
von Walter Gödden
Band 130

Die Deutsche Bibliothek – CIP-Einheitsaufnahme
Bibliografische Information Der Deutschen Bibliothek
Die Deutsche Bibliothek verzeichnet diese Publikation
in der Deutschen Nationalbibliografie; detaillierte
bibliografische Daten sind im Internet über
[http://dnb.ddb.de] abrufbar.
Gedruckt auf umweltfreundlichem, chlorfrei gebleichtem
und alterungsbeständigem Papier.

Bücher der Nyland-Stiftung, Köln, im Aisthesis Verlag

ISBN: 978-3-8498-1976-7

Umschlaggestaltung: AWard Associates, Münster
Druck: docupoint, Barleben
Printed in Germany

Inhalt

Erwin Grosche mit weißem Papier und seiner ersten Schreibmaschine (1972) (Foto Bernhard Willig)

Padermann-Prolog

Als Padermann ein Kind war

Als Padermann ein Kind war, fiel er in alle sechs Flussarme der Pader. Übrigens in der magischen Reihenfolge, dass er zuerst in die Börnepader, dann in die Dammpader, daraufhin in die Dielenpader, dann in die Rothobornpader, schließlich in die Maspernpader und zum Schluss in die Warme Pader fiel. Dies gab Padermann nicht nur seinen Namen, sondern auch seine ungeheuren Superkräfte. Jeder dieser Flussarme stand für eine herausragende Eigenschaft, die nun ein Teil von ihm wurde und Padermann vom normalen Paderborner Bürger abhob. Schon am nächsten Tag brachte er seine Eltern zum Erstaunen, als er die weit verbreiteten Domplatztauben nicht nur jagte, sondern auch fing. Später wurde Padermann zum Volkshelden, als er die abgebrochenen Arbeiten an der seit langem geplanten Fußballarena alleine aufnahm und binnen zwei Tagen abschließen konnte. So kam es auch, dass dieser Fußballplatz seitdem seinen Namen trug: Padermann-Arena.

Padermann in Zahlen

Padermann arbeitete im südöstlichen Winkel der Westfälischen Bucht. Er war immer noch überrascht, wie schön Ostwestfalen ist. Sein Paderborner Arbeitsgebiet wurde eingerahmt vom Alme-Afte-Bergland im Süden und der Egge im Osten. Padermann beschützte drei unterschiedliche Einzellandschaften, die in Paderborn aufeinandertrafen. Der so genannte Hellwegraum im Westen war ihm anvertraut, die Paderborner Hochfläche im Süden unterlag seiner Kontrolle und selbst das Heidegebiet der Senne im Norden überwachte er mit seinen Superaugen. Wenn der Westen des Stadtgebietes reichlich mit Wasser versorgt war, so galt dies nicht für die Sennebereiche. Zwar gab es hier eine Vielzahl kleiner Bachläufe, doch konnte der Sennesand das Wasser nicht ausreichend binden. Auch die Paderborner Hochfläche als große Karstlandschaft erfreute sich nicht eines großen Wasserreichtums. Viele Flüsse versickerten in dem aus Kalkstein bestehenden Untergrund und lagen im Sommer trocken. Hier half Padermann. Die Paderquellen gehörten zu den stärksten Quellen Deutschlands und förderten zwischen 3.000 und 9.000 Liter Wasser pro Sekunde ans Tageslicht. Nur Padermann war stärker und bewässerte mit dem Wasser der Paderquellen sowohl die Sennebereiche als auch die trockene Paderborner Hochfläche. Da die Pader nach ca. 4 km in die Lippe mündete, gilt sie als der kürzeste Fluss Deutschlands. Padermann wurde oft gebeten, den Fluss zu verlängern, aber widerstand den verlockenden Angeboten von Marmeladenindustrie (Stute) und Politik (FBI).

Aus »Über das Abrichten von Grashüpfern. Kleinstadtgeschichten«

Vom Bäcker des Dorfes

Es war einmal ein Bäcker, der hatte drei Söhne. Der erste sollte ein Bäcker sein und der zweite was Besseres; der dritte war ein Tunichtgut...

Mein Vater war der Groschebäcker, oder besser ausgedrückt: Bäcker- und Konditormeister, Inhaber von verschiedenen Urkunden für »ausgezeichnetes Brot« und schließlich Inhaber der goldenen Brotmedaille (die er zu Weihnachten seinem kleinen Enkel geschenkt hat).

Dieser Meister über Graubrot, Roggenbrot, Kassler, Weißbrot und Herr über 5000 Samstagsbrötchen lebte auf einem kleinen Dorf, wo er neben dem Bürgermeister und dem Pastor, aber noch vor dem Lehrer, dem Schmied und sogar dem Fußballtrainer zu den wichtigen Persönlichkeiten des Dorfes zählte. Die Brötchen, die man auf dem Schützenfest (zu der meistens nicht durchgebratenen Bratwurst) essen konnte, waren von ihm. Gerüchte behaupteten, daß viele nur deshalb ein Bratwürstchen bestellten, um in den Genuß eines seiner Brötchen zu kommen. Nun ja...

Der Tag fängt für einen Dorfbäcker um drei Uhr morgens an und hört eigentlich nie auf. Selbst wenn der Bäcker zu seinem kurzen Schlaf ansetzt und vom bestellten Streuselkuchen träumt, gärt in der Backstube der Sauerteig vor sich hin, um am Morgen unter den neun Fingern meines Vaters gewalzt und geknetet zu werden.

Dieser Zauberkünstler verwandelte unter seinen Händen diese schroffen Teigklippen in zarte Kinderbäuche, bis sie in der Brötchenstanzmaschine für Sekunden verschwinden, um als 30 kleine weiße Flüchtigkeiten abgerundet ihren Weg in den vollendenden Ofen anzutreten. Der

Schlitz im Brötchen ist Handarbeit, und das daumengroße Arbeitsdrückgerät der Rundbrötchen wird Drückholz genannt (und hängt heute an der Wohnzimmerwand meines Vaters, der jetzt im Ruhestand lebt »und morgens zu früh wach wird«).

II

Der Schwaden liegt wie ein weißer Hauch auf den Fensterscheiben. In der dunklen Nacht erinnert noch nichts an den pfeifenden Morgen. Betrunkene letzte Zechgänger klopfen an die Fensterscheiben mit ihren schon hervorgekramten Hausschlüsseln.

Sie treffen genau den Freiraum, den der etwas hochgezogene Rolladen vom Fenster erahnen läßt, und fragen nach den ersten frischen Brötchen wie nach einem gasgefüllten Luftballon.

Das Reiben der hochgezogenen Rolläden erklingt wie ein Schrei neben den leisen rhythmischen Drehungen der ewig kreisenden Teigmassiermaschine. Der Bäcker zieht sich eine alte schwere Jacke über sein durchschwitztes Unterhemd, um in der kalten schweren Morgenluft nicht auszuströmen wie der nasse Dampf, der Backatem, der wie gepreßt durch das geöffnete Fenster dringt.

»Sechs Brötchen, und nicht zu kleine.«

»Grosche-Brot macht Wangen rot, nein, Grosche-Brot macht Ratten tot.«

»Unsere Frauen bezahlen es heut nachmittag, also gut gehn und arbeite nicht zuviel.«

Der Schwaden liegt wie ein weißer Hauch auf den Fensterscheiben.

Der Bäcker malt ein lachendes Sonnengesicht in den Schweiß, so viel Zeit muß sein.

III

Brot muß gut durchgebacken sein, bis ins Mark. Gut durchgebackenes Brot ist eigentlich immer frisch. Die dicken Bauern des Dorfes mit ihren sechs Kindern kaufen immer ein großes Brot.

»Ruhig ein 5-Pfund-Brot, die Blagen fressen uns die Haare vom Kopf.«

Zweimal die Woche kommt der Bäcker mit seinem Auto vorbeigefahren – huup! huup!

Einen Wochentag und dann den langen Samstag, da gibts auch Puddingteilchen und den herrlichen Mohnstollen – huup! huup!

»Es gibt Kunden, die schicken ihren Verwandten Mohnstollen nach Amerika. Mohnstollen kann ein Erlebnis sein, und Mohnstollengenießer sind Gourmets, auch in Amerika. Einem Mohnstollensüchtigen Befriedigung verschaffen, heißt, ihm einen Mohnstollen vom Groschebäcker zu vergönnen, da ist wenigstens mal Mohn drin.«

Tortenbestellungen bitte früh genug aufgeben: Der Weiße Sonntag ist Tortensonntag, und die Frau des Bäckers schlägt die Creme an, die Hs von den Herrentorten setzen die Kinder auf die kleinen Spritztütenberge und der Tortenrumbringer ist der Älteste.

»Ganz vorsichtig, und Kurven können Nerven kosten, als hätte man Glyzerin geladen.«

Unvergessen der Weiße Sonntag des Jahres '78, als der Chef selber entscheiden mußte, ob er bei Rot über die Ampel saust oder eine Vollkaskobremsung vornimmt, um dann den Abklatsch der Torten in seinem Rücken zu spüren. Da muß man sich schnell entscheiden, zumal die Polizei hinter der Ampel steht und am Streifenwagen angelehnt eine Currywurst zum besten hält.

»Den Groschebäcker hat es eine Runde auf'm Schützenfest gekostet und eine Reinigung, weil Currysoßen sich so schlecht auf dem Polizeigrün machen.«

Aber das Leben geht weiter und niemals ohne Brot, und Brot in einem Steinbackofen gebacken währt fast ewig. »Wenn einem die Blagen nicht die Haare vom Kopf fressen würden.« […]

Erwin Grosche mit neuen Strümpfen vor seinem Elternhaus

Von der Weißheit der Bäcker

Alte Bäcker haben Teighände und Augen aus Rosinen. Sie haben neun Finger und Ohren aus Blätterteig mit einer schwarzen Schokoladenspitze.
Ihre Tränen ergießen sich salzig, vermengt mit Muskat, Hefe und Mehl.
Ihre natürlichen Feinde sind die Hornissen, die der Süße ihrer Pflaumenbleche nur noch die Süße ihres Blutes vorziehen, bevor es resistent wird und Stiche schluckt wie einen warmen Amerikaner.
Ihre modernen Feinde heißen *Aldi, Plus* und *Minipreis* (oder wie sie sich verbergen mögen unter einem Namen groß wie Sahne), diese Supermärkte mit den Plastiktüten, in denen sie Brote gegen ihren Willen *Horten* für einsfünfzig und zweiachtzig.
Diese alten Bäcker (in einer Reihe anzusiedeln zwischen Müller, Schneider, Schuster und dem Schmied), diese schweigsamen Morgendiener, die den Anbruch des Tages als Backzeit nutzen; denken an Regentagen an Puddingteilchen, die als zwei Pfützenweiher nebeneinanderhegen und in der Momentaufnahme eines niedergefallenen Tropfens Wasserringe bis zum Rand schlagen und erstarren, genau in der Bewegung und genau mit dieser Spannung nach außen hin, als wäre diese Pfütze kurz vor dem Überlaufen, wie der Pudding in der Acht vom Puddingteilchen, das in dem Einzellabyrinth der Rosinenschnecke seine manifestierte Entsprechung findet.
Der erste Schnee erinnert den weißen Gesellen an herabrieselnden Puderzucker aus dem himmlischen Puderzuckersieb auf den ahnungslosen Bienenstich (diese Namensopfergabe an all die unersättlichen Schwadenstürmer und Wadenstecher).
Beim Drehen der Berliner im Zucker schaut er den Kindern zu, die sich im Straßengraben im brusthohen Schnee wälzen, bevor er die possierlichen Glanzstücke aufspießt

und ihnen den süßen Marmeladenstoß versetzt und sie verwundbar macht für all die Leckermäuler und Schleckerzungen.
Die Schwere des reifen Frühlings vor dem atemlosen Taumeln des überschäumenden Sommers erwartet er älter werdend wie der junge Teig die Teigruhe, wo er sich mit Leben füllt und reift und eine neue Haut bekommt, wie der Mond, wie der Tag, wie alles Leben. Wie durchschaubar erscheint der herbstliche Nebel vor dem Abspritzen des heißen Brotes, wo sich der Tag für Sekunden im undurchlässigen Wasserdampf verbirgt.
Der frühlingshafte Windbeutel (dem man den Namen eines Schmetterlings zugestehen sollte, vielleicht dem einer tropischen Art), der sommerliche Zwetschgenkuchen, der spätherbstliche Pfeifenmann und die winterlichen Printen und Spekulatius, alle vier Jahreszeiten, finden sich als Düfte und Stimmungen in den Backstuben der alten Backdruiden.

Castiglione Della Pescaia, 1986
für meinen Vater

Von einem Arbeitskollegen

Er, der seine Ohrenspitzen
in die Muschel stecken konnte,
daß es aussah wie:
Schinkenröllchen ohne Spargel und Mayonnaise,
manchmal mit dem Schaum vorm Munde
in den Haltegriffen seiner Linie 17 hing,
wurde oft belacht und gehänselt
wegen seiner Zuneigung dem Apostel Matthäus wohl gegenüber und, weil er so errötete,
wenn es um Frauen und um Liebe ging

Er war der, dem man einen Schwedenporno
in den Hausbriefkasten steckte,
um zu spotten, wenn man ihn mal wieder sah,
drum ließ er sich selt'n sehen und verbrachte seine Zeit
in Taubenzwingern, auf dem Dach inmitten der Antennenwälder,
und das Gurren seiner Freunde setzte oft die Haut in Berge,
dort ganz oben sprach er manchmal mehr, als man ein Leben lang von ihm vermutet hätte

und da hättest du schon wieder sehen können, wie der Schaum vor seinem Munde stand
und da hättest du schon wieder sehen können, wie gelähmt war seine rechte Hand
und da hättest du schon wieder sehen können, wie das irre Lachen kurz auftauchte und verschwand ...

Die, die seine Tauben fliegen ließen und die Tür sperrangelweit im Winde quietschen ließen, grölten noch nach Wochen über sein Gesicht,
daß er nicht einmal bemerkte, daß der Schlag verlassen war

und sein blödes grugru grugru grugru laut erschallen ließ
so als gibt es nichts, was es nicht geben darf
so als gibt es nichts, was es nicht geben darf

So treibt er sich in Kirchen rum
lauscht den Orgeltönen
und hört gern dem Priester zu,
wenn dieser vom Matthäus spricht
seufzt dann oft und immer lange
und schmeißt ein Vermögen in die Puppe
daß sie auch schön mit ihrem Kopfe nicke
mit ihrem Kopfe nicke
mit ihrem Kopfe nicke.

Hanns-Dieter Hüsch
<Vorwort zu »Über das Abrichten von Grashüpfern«>

Liebe Freunde und Freundinnen,
ich weiß nicht, in welcher Verfassung Sie sich befinden, in welcher Küche Sie gerade spülen oder abtrocknen, ob Sie in einem Hochhaus handeln und wandeln oder nachts auf einer Parkbank meditieren, anyway, ich bin der Moderator und möchte Sie zu den folgenden Geschichten überreden, derart, daß dieses Buch zu einem, nämlich Ihrem Gesangbuch werden könnte, voll mit ganz tiefen religiösen Ironien, die man sich kaum vorstellen kann. Poetische Arien, literarische Gesänge oder einfach, bescheiden wie Erwin Grosche, Kleinstadtgeschichten. Kleinstadtkunst. Kleinkunst. Aha, da kommt das also her. Nein, nein, es kommt aus dem Kopf eines Westfalen mit lateinamerikanischer Fantasie. Und so etwas wächst, blüht und gedeiht nur in einer Kleinstadt. Als läge sein Paderborn mitten im Urwald des Gabriel Garcia Márquez und der Geschichtenerzähler Grosche arbeitete mit feinsten Macheten die schönsten Lianen heraus.
Ich muß gestehen, ich habe diese großartigen Kleinkunstgeschichten zum erstenmal an der Westküste Portugals, in Cascais, gelesen, und zwar liegend, am Swimming-pool, immer abwechselnd, mal Saul Bellows »Humboldts Vermächtnis«, dann wieder Erwin Grosches Mikro-Kunststücke, z.B. die von den verzauberten Marathonläufern, nämlich die »Grashüpfergeschichte«. Wie gesagt, hegend, die Korrekturfahnen gegen die ehemalige Mozambique-Sonne haltend, liest das niederrheinische Kleinstadtkind den James Joyce von Paderborn. Ich habe diesen Regenbogenmacher auf der Bühne bisher nur kurz und flüchtig erlebt. Wir Kleinkünstler leben viel zuviel aneinander vorbei. Mein Freund Artur Bergk vom Mainzer Unterhaus hatte mir schon vor Jahr und Tag immer wieder gesagt: »Hör Dir den Grosche an, der macht ganz neue Klein-

kunst. Das wird Dir gefallen.« Achja, es gibt sie doch noch, die Kleinstadtphilosophen, die Entertainer aus der Backstube des Lebens, die nicht ständig mit Pauken und Trompeten immer nur über die Bundesrepublik herfallen. Sohn eines Bäckers müßte man sein, dann hätte man viele Rosinen im Kopf, kleine und große, süße und saure, unschuldige und schuldige, ganz öffentliche und ganz versteckte, verborgene, staunende und ängstliche, jedenfalls alles Lebensmittel, die Glanz in unsere Hütten bringen, ganz heimlich und ganz unheimlich, heimelig und sogar heimatlich, ganz warm und voller Gemüt, und dann klingt die Grosche-Welt wieder, als wären alle Orgelpfeifen aus Eiszapfen. [...]

Cascais, Köln, Ende August 1989

Aus »Vom großen G und kleinen Glück. Bühnentexte«

Von der Begrüßung des einzigen Zuschauers

(Das Bühnenlicht geht an. Jemand kommt auf die Bühne. Es scheint so, als müsse er sich selbst damit abfinden, doch noch sein Programm zu spielen. Seine Augen verlieren sich in einem großen, leeren Saal und finden erst nach langem Reden sein Gegenüber)

Ich freue mich besonders, Sie begrüßen zu können ...
Ich freue mich, Sie besonders begrüßen zu können ...
Mit Ihnen hätte ich am allerwenigsten gerechnet.
Sie interessieren sich doch sonst mehr für »Fußball«
und natürlich »Krimis«
welches im übrigen auch Leidenschaften von mir sind
aber schön, daß Sie da sind
es kommt so selten vor, daß sich jemand in meinen Traum verirrt ...

Kommen Sie doch ein bißchen näher ...
Sie wollen mich erst besser kennenlernen?
Na gut, wie Sie wollen
heute kann sich jeder seinen Platz aussuchen welch einmaliges Erlebnis!

Ach ja
sollte neben Ihnen der Stuhl »reserviert« erscheinen
so hat dies seinen Grund.
Meine Mutter hatte versprochen zu kommen
aber ich weiß nicht, wo sie bleibt.
Allerdings kommt sie immer entweder zu spät oder erscheint erst gar nicht

und macht dies abhängig vom jeweiligen Fernsehprogramm.
Bitte können Sie ihr im ersteren Falle zuflüstern
daß ich schon mal angefangen habe
und mich freuen würde, wenn sie mich im Anschluß
meines Programmes zum Essen einladen würde ...

Haben Sie einen Parkplatz gefunden ...?
Ja?
Das ist schön
kann aber auch heute nicht so ein Problem gewesen sein ...

Wir hätten Ihnen gerne die Vorzüge einer
Garderobe zukommen lassen
doch leider bestand das Mädchen
übrigens meine Tochter
auf ihren freien Tag
und der Junge mit den Erfrischungen
übrigens mein Sohn
ist auch nicht da
und nimmt gerade in Hamburg
eine Platte mit Seemannsliedern auf
welches ja auch irgendwann einmal gemacht werden
muß ...

Sind Sie an der Kasse vorbildlich behandelt worden
wenn nicht, dann sagen Sie mir Bescheid
Kassierer gibt es im Augenblick wie Sand am Meer.
An unserer Theaterkasse
schwelgt ein arbeitsloser Kollege von mir.
Haben Sie bitte Verständnis für seine schroffe Art
ich kenne das
ich sitze immer an der Kasse
wenn ihn die Bühne ruft ...

Es tut mir leid
überhaupt »Eintrittsgeld« erhoben zu haben
doch ich habe Familie
und die Kinder brauchen neue Schuhe
und die Frau schläft nachts nicht ohne Bettzeug ...

Natürlich finanzieren wir uns nicht nur dadurch
daß Sie gekommen sind
sondern indem wir einen kleinen Werbeblock am Anfang
unserer Theateraufführungen
über unser hochverehrtes Publikum ergehen lassen ...

Da präsentiere ich Ihnen als erstes einen Porree
formschön, humorvoll, unerfahren
– so, das war der Porree ...
Nun haben wir noch diesen aufreizenden Apfel da ...
Ein Apfel, ideal für Apfelkompotte aller Art
formschön, saftig und fest.
Jetzt habe ich noch eine Banane da
dann hätten wir's auch schon ...

Mhm, da müßte noch eine Banane sein
dann hätten wir's auch schon gehabt ...
Nun, was kann man über eine Banane sagen ...?
Sie war natürlich formschön, gelb, wohlschmeckend
und zu vertrauensselig, welches ihr dann auch zum
Verhängnis geworden sein mag ...

Bevor es nun endgültig losgehen wird
bitte ich Sie
nicht gleich vom Desinteresse ihrer Mitbürger
auf die Qualität meines Programmes zu schließen.
Lassen Sie sich bitte überraschen!

Und sollten Sie zwischendurch »irgenwohin« müssen
und sei es zum Telephonieren

so geben Sie mir doch eben Bescheid
damit ich nicht ganz »für die Katz« spielen muß.
Sparen Sie nicht mit Applaus
schenken Sie mir Interesse
danke, daß Sie gekommen sind
was wäre ich ohne Sie!

(Applaus!)

Oh
Mutter!

Erwin Grosche mit seiner Schwester Ute auf dem Schützenfest

Von den kleinen Omis am Meer
– ein Stimmungsbild –

Kleine Omis mit neuen Gummistiefeln
stapsen nicht damit im Meer herum
sie sitzen lieber im Café
essen Apfelkuchen mit Schlagsahne
und trinken Kakao
und winken aus dem Fenster den Lachmöwen zu
die am Himmel den Kapitänsgruß segeln

Kleine Omis mit neuen Gummistiefeln
haben Angst, von Lachmöwen verschleppt zu werden
Lachmöwen verschleppen kleine Omis
mit neuen Gummistiefeln
immer nur an Orte, an denen es keinen Apfelkuchen
mit Schlagsahne gibt
geschweige denn Kakao

Und morgens
wenn die Lachmöwen locken
Omi Omi Omi Omi Omi
laufen alle kleinen Omis ins nächste Café
strecken ihre neuen Gummistiefel von sich
und schreiben Ansichtskarten
vom rauhen, rauhen Meer
vom rauhen, rauhen Meer

Omi Omi Omi Omi Omi

Manche Lachmöwen entpuppen sich als gewiefte Hand-
taschenräuber
und lauern im Watt auf leichte Beute
so klemmen alle kleinen Omis ihre Krokodilledertaschen
(mit den dicken fetten Geldbörsendackeln)
unter ihre warmen Achselnoberbetten

und stürmen
mit Wind im Rücken
ins allernächste Café
zum Frühstücken

Omi Omi Omi Omi Omi

Kleine Omis mit neuen Gummistiefeln
stapsen nicht damit im Meer herum
warum?
Darum!

Omi Omi Omi Omi Omi Omi Omi

Vom großen G und kleinen Glück

Er wohnt gegenüber
trägt sein Haar meistens kurz
ganz selten Kleider
und wenn, dann nur zu Fastnacht

Sie wohnt gegenüber
fährt tagsüber Taxi
trägt selten Hosen
und wenn, dann aus Flanell

Sie mögen sich
doch traun sich nicht
und schaun sich nicht mal an
Sie mögen sich
doch traun sich nicht
und schaun sich nicht mal an

Das ist das große G vom kleinen Glück
Das ist das große G vom kleinen Glück

Und er wär so gerne mit ihr nach Tahiti gefahrn
doch alleine macht das doch keinen Spaß
und man gibt nur zuviel Geld aus

Und er wär so gerne mit ihr nach Tahiti gefahrn
doch alleine macht das doch keinen Spaß
und man gibt nur zuviel Geld aus

Und manchmal trifft er sie dann im Supermarkt
und sie kauft grade Käse ein
da würde er mal so gerne zu ihr hingehn
und ihr sagen:
»Also so, wie Sie den Einkaufswagen schieben
das macht Ihnen so schnell keiner nach.«

oder würde so gerne mal zu ihr hingehn und ihr sagen:
»Also diese schwere Bananenstaude, die bring ich aber
für Sie an die Kasse.
Da haben Sie aber Glück, daß ich zufällig hier bin.
So eine schwere Bananenstaude
daß man so etwas nicht einzeln verkaufen kann
und dann noch ganz grün ...«
oder würde mal so gerne zu ihr hingehn
und ihr sagen:
»Also wissen Sie, ich habe das Gefühl
wenn wir uns küssen würden, dann wäre es so schön
als wären wir bei Eduscho..., da arbeite ich nämlich.«

Doch sie traun sich nicht
und schaun sich nicht mal an
Doch sie traun sich nicht
und schaun sich nicht mal an

Das ist das grosse G vom kleinen Glück
Das ist das grosse G vom kleinen Glück

Aus »Lob der Provinz«

Hölle Hölle Hölle

Der Papst sagt, es gibt sie nicht mehr. Aber vielleicht kennt er sich gerade in der Beziehung nicht so gut aus, oder er war noch nie in St. Augustin gewesen, das ist die Hölle.

Unterhalb von Frankfurt werde ich doch schon mal gefragt, wo liegt denn eigentlich dieses Paderborn? Paderborn, sage ich dann immer, das liegt doch genau zwischen Bielefeld und Kassel, oder um noch genauer zu werden: Paderborn liegt genau zwischen Degenhardt und Drewermann. Das eine ist unser Kardinal und das andere unser Kirchenkritiker, und genau in der Mitte liegt Paderborn. Dann meldet sich immer einer und sagt: Ach, dieses Paderborn ist das. Das ist doch die... das ist doch die HÖLLE!

Dann sag' ich immer: Stimmt doch gar nicht. Stimmt doch gar nicht. Der schlechte Ruf der Hölle liegt nicht an dem Ort, sondern an den Leuten dort.

Kassel zum Beispiel ist vom Stadtbild her nicht so gelungen, da ist es genau andersrum. Aber ich habe den Kasselern schon gesagt: Nur Geduld, nur Geduld. In hundert Jahren ist hier alles Altstadt. Alles Altstadt. Auch die Hölle kann man sich schön gestalten mit ein wenig Fantasie und Gottvertrauen. Kürzlich war ich in Büttelborn, da habe ich die Büttelborner gefragt, sagen Sie mal, Büttelborner, was ist denn eigentlich so schön an Büttelborn? Da haben die Büttelborner gesagt, man kommt gut von hier weg.

Letzten Monat war ich in Landshut, da haben die Landshuter gesagt, Landshut ist schon ganz schön, aber nicht so schön wie Regensburg. Da dacht' ich auch, auf welch hohem Niveau hier diese Diskussion stattfindet, und traute mich Paderborn gar nicht ins Gespräch zu bringen, denn unsere Altstadt ist längst nicht so alt wie deren Neustadt, aber moderner.

Einmal war ich in Ludwigshafen. Da habe ich die Ludwigshafener gefragt, was macht man denn so, wenn man schon mal in Ludwigshafen ist? Da haben die Ludwigshafener gesagt, wenn Sie schon mal in Ludwigshafen sind, dann fahren Sie doch nach Heidelberg. Da habe ich gesagt, ach, das muss gar nicht so was Schönes sein. Da haben die Ludwigshafener gesagt, dann sind Sie hier genau richtig.

Und dann gibt es natürlich auch noch Bielefeld, und da muss man gar nicht lange herumreden: DAS IST NATÜRLICH DIE HÖLLE! Aber auch nur frei nach dem Motto von Sartre: Hölle, das sind die anderen.
Kürzlich traf ich einen Bekannten in der Hölle, der ist auf dem Weg zur Beichte verunglückt. Ist das nicht Pech? Das ist nicht Pech, das ist die HÖLLE.

Er sagte, ist aber gar nicht so schlecht hier, man darf sich nur nicht dran gewöhnen. Er sagte, es gibt hier halt nicht so große Wunder, sondern eher so kleine Wunder, so kleine Wunder wie: Wasser wird zu Tee. Ich fragte, und wo ist der Haken bei der Sache? Er ist Kaffeetrinker. Das ist die HÖLLE! Da habe ich zu ihm gesagt, weißt du eigentlich, was die Hölle ist?

Meine Ohren von hinten beleuchtet – das ist die Hölle.

Die rote Socke in einer Waschmaschine für Weißwäsche oder ein Tempotaschentuch, von wegen reißfest – das ist die Hölle.

Ein sattes Kind füttern zu müssen.

Alte Hochzeitsfotos mit einem anderen Hochzeitspartner.

Ein Freibad, aber ohne Toiletten – das ist die Hölle.

Einem Freund bei einem Umzug helfen zu müssen, der als Hobby Waschmaschinen sammelt.

Mit Vegetariern grillen zu müssen.

Treu sein können, aber keinen Partner haben, dem man das beweisen kann.

DAS IST DIE HÖLLE

Da rennt man den ganzen Tag durch die Stadt, weil man für sich einen wunderschönen Anzug sucht, und dann findet man endlich einen wunderschönen Anzug, und dann hängt der im Schaufenster einer Reinigung.

DIE HÖLLE!

Schlafen dürfen in einem warmen Schlafsaal, aber unter einem Eiswürfelmobile.

DIE HÖLLE!

»Don't cry for me, Argentina« gespielt auf einer Panflöte und sich das anhören müssen im Wartezimmer eines depressiven Zahnarztes.
Leise streiten müssen, weil die Kinder sonst wach werden.
Benni Schulte, der immer »Hölle, Hölle, Hölle« sagt, wenn er meine Wohnung betritt.

Der Anruf von Beate Müller nach unserer ersten gemeinsamen Liebesnacht, wo sie auf meinen Anrufbeantworter sprach: »Nachdem du gegangen bist, wurde es doch noch ganz schön.« – das ist die Hölle.

Und natürlich dieses Lied:

»Du nimmst dich zu ernst, Ernst, du weißt nicht, was Liebe ist, wenn du dich entfernst, Ernst, weiß man nicht mehr, dass du im Raum gewesen bist ...

Du nimmst dich zu ernst, Ernst, zum Lachen geht man doch nicht ins Büro.

Wenn du das nicht lernst, Ernst, wirst du dein Leben lang nicht mehr so richtig froh-oh.

Du nimmst dich zu ernst, Ernst, Kirschen sind doch zum Essen da. Wenn du sie entkernst, Ernst, sagst du zum Menschenleben und zur Menschenliebe ja.«

Hör mal zu, Ernst, ich muss mal mit dir reden. Ich habe zuhause einen Tischstaubsauger, der ist ganz schön schwach auf der Brust, den muss man füttern. Ganz anders sein Freund, der Hausstaubsauger, mit dem habe ich gestern noch unsere Badezimmermatte aufgesaugt, und plötzlich sprang dabei vom Hausstaubsauger ein Stückchen Plastik ab. Jetzt konnte ich nun mit diesem Hausstaubsauger sein eigenes Stückchen Plastik aufsaugen. Und ich dachte, so weit müssen wir Menschen doch auch mal kommen Dass wir in uns unseren Sinn finden, der uns ernährt, und trotzdem ist es überall sauber, oder?

Über das Glück

Ist Ihnen heiß? Sie haben Glück, das kann ich ändern. Ich werde Ihnen Luft zufächeln.
Ist doch auch sonderbar, dass der, der andern eine Kühlung verabreicht, selbst dabei ins Schwitzen gerät.
Da fragt man sich doch: Gibt es überhaupt Gott?
Obwohl – Spinat kann man nicht zweimal heiß machen, es gibt Gott!

Letzte Woche stand ich in einem Raum voller Öfen, war trotzdem kalt gewesen; war ein Ofenmuseum – DA MUSS MAN SCHON UMDENKEN!

Manche finden abstehende Ohren entstellend, aber man vergisst, dass sie gleichzeitig das Gesicht schmaler erscheinen lassen. So hat alles seinen Sinn und seine Ordnung.

Heute Morgen habe ich einen Riesenkasten Mineralwasser hochgeschleppt in den sechsten Stock, weil der Aufzug kaputt war, davon kam ich gleich so ins Schwitzen, dass ich die Hälfte davon wieder austrinken musste. Ich dachte, ist ja nicht so schlimm, weil ich eh im Supermarkt die Brötchen vergessen habe.

Habe ich dann gesagt: Geben Sie mir doch bitte fünf Brötchen, hat sie gesagt, ich gebe Ihnen sechs, weil sie nicht so schön sind: DA MUSS MAN SCHON UMDENKEN!

Treff ich da die Doppelgängerin von Frau Steinhart. Ich denke, das ist doch Frau Steinhart. Der gleiche sture Blick, die gedrungene Körperhaltung, die Hände zur Faust geballt, als wollte sie gleich auf mich los, und ich denke, das ist doch Frau Steinhart, und ich grüße ganz normal: GUTEN TAG, FRAU STEINHART, aber sie grüßte nicht zurück, da wusste ich gleich, es ist doch die Doppelgängerin von Frau Steinhart. DA MUSS MAN SCHON UMDENKEN.

Heute Morgen hatte ich Glück, da habe ich einen Glückspfennig auf dem Bürgersteig gefunden, aber dann dachte ich, ist denn so ein Glückspfennig auf dem Bürgersteig überhaupt so viel Glück? Wäre nicht ein Glückstausendmarkschein auf dem Bürgersteig viel viel mehr Glück?
BEIM GLÜCK SOLLTE MAN NICHT SO BESCHEIDEN SEIN!
Ein Glückstausendmarkschein mit einem fälschungssicheren Silberstreifen. Das wäre ein Silberstreifen am Horizont.

Da überzeugt mich die Unglück bringende Katze von links schon eher, zumal ich eine Katzenallergie habe und meine Frau mich »Mausi« nennt:

DA MUSS MAN SCHON UMDENKEN!

Hat meine Frau jetzt zu mir gesagt, dass in Hannover ein Schwimmbad abgebrannt wäre. Habe ich gesagt:
Hä? In Hannover ist ein Schwimmbad abgebrannt? Wie soll das denn angehen? Oder haben sie den Dreier wieder aus Holz gebaut? Da dachte ich, Moment mal, das Flugzeugmuseum steht ja auch auf dem Boden.

Früher dachte ich immer, es hört mir kein Mensch zu, bis ich gemerkt habe, ich habe noch gar nichts gesagt.

DA MUSS MAN SCHON UMDENKEN:

Einmal, einmal habe ich einen abgerissenen Mülleimer auf dem Bürgersteig gesehen. Dacht' ich, ach, liegt da ein abgerissener Mülleimer auf dem Bürgersteig: Jetzt wurde er auf einmal selber zum Gegenstand seiner früheren

Funktion. Jetzt hätte man ihn brauchen können. Jetzt war er selber Müll geworden. So schnell kann es gehen.

Ich meine, das ist doch genauso, als wenn man die Nummer der Auskunft nicht mehr weiß, dann kann man dort noch nicht mal anrufen, um danach zu fragen.

Ich habe jetzt in der Zeitung gelesen, dass sich beim Joggen nach zwanzig Minuten körpereigene Glückshormone bilden. Da habe ich gedacht, das schaffe ich mit fünf Bier – und das im Sitzen.

ES MUSS NICHT ALLES WEH TUN, WAS GUT TUT.

Letzte Woche habe ich nicht so viel Glück gehabt. Ich konnte also ruhig mal etwas riskieren, schlimmer konnte es gar nicht kommen. Es gab dann bei uns am Bahnhof eine Lotterie, da konnte man einen VW Golf gewinnen, da habe ich mir dann ein Los geholt, und was ist daraus geworden? Ein Vierfarbkugelschreiber. Ich meine, nichts gegen einen Vierfarbkugelschreiber, aber er schrieb nicht, alle vier Minen schrieben nicht, dann doch lieber einen VW Golf. Aber dann dachte ich, lass doch diesen Vierfarbkugelschreiber so wie er ist, vielleicht ist es seine Bestimmung, nicht zu schreiben. Ich dachte, ich schenke ihn einfach meinem Bruder zum Geburtstag, der schreibt mir sowieso nicht.

Ja, man muss aufpassen, das Glück lauert überall. Heute Morgen habe ich noch gedacht, dass ich gewachsen wäre, dabei hat nur jemand die Dusche verstellt – knapp am Wunder vorbei.

Aber nichts ist lästiger als ewiges Glück, und ich weiß, wovon ich da rede:
In meinem letzten Leben war ich mal Schaf in einem Streichelzoo.

Fehlende Präsenz

Ich habe so eine fehlende Präsenz.
Gestern hat mir ein Echo nicht geantwortet, dabei habe ich nur gefragt: »Wie heißt der Bürgermeister von Wesel?«, aber meinen Sie, da wäre was zurückgekommen? Als wäre sich das Echo inzwischen zu schade für solche Eseleien, als wären die Zeiten inzwischen zu ernst, um sich an die Oberflächlichkeiten der Spaßkultur zu hängen. Ich meine, ich weiß schon, dass der Bürgermeister von Wesel nicht Doktor Albert Esel heißt, aber ich werde weiterhin dem bekanntesten deutschen Bürgermeister meine Aufwartung machen und nach seinem Namen fragen, ob es dem Echo nun passt oder nicht. Wir sind hier doch nicht beim Einwohnermeldeamt, sondern im logisch freien Raum zwischen Berg und Tal. Was soll's, ich werde bestimmt kein Echo anschreien, es fällt ja sowieso auf mich zurück.
Habe ich auch meinem Arzt gesagt: »Jetzt fühl ich mich schon so nicht anwesend und habe dazu so wenig Geld, und dann will hier keiner, dass ich mich ausziehe«, da hat er gesagt: »Der Nächste bitte!« Und ich dachte, das ist doch genau wie in diesem Witz, über den alle lachen, außer ich erzähle ihn.
»Als Mensch keine Schönheit, als Schwein zu kleine Ohren.«
Gestern stand ich stundenlang vor einer automatischen Glasschiebetür und trat dauernd auf den Boden, aber meinen Sie, die wäre aufgegangen? Zum Glück bekam ich irgendwann heraus, das war gar keine automatische Glasschiebetür, das war noch nicht mal eine Schiebetür, sondern nur das Schaufenster eines Hutgeschäfts, und ich wunderte mich schon, dass dahinter so viele Hüte hingen, die mir nicht gefielen. Ist denn eine ganze Epoche der Hutmode an mir vorübergegangen oder will keiner mehr, dass ich schön aussehe? Jetzt, wo ich endlich den Kopf

habe, um einen Hut tragen zu können, sehen alle Hüte aus, als müsste ein starker Wind sein, wenn man sie aufsetzt.
Inzwischen habe ich immer mehr Stellen am Körper, zu denen ich selbst nicht mehr hingelange. Es gibt Hinweise auf Stellen an meinem Rücken, wo noch niemals jemand war. Es juckt und kein Weg führt dorthin. Zwischen Schulterblatt und Schulterblatt entsteht eine unberührte Landschaft, ein Biotop, wo man andere braucht, die dort gucken und jucken. Übrigens ist das der Beweis dafür, dass der Mensch nicht alleine leben darf, außer er hat einen Baum in der Nähe, einen Kratzbaum. Inzwischen habe ich sogar immer mehr Stellen am Körper, die ich selbst nie sehen werde. Aber andererseits, wer will im Ernst seinen Hintern sehen? Es reicht doch, wenn man morgens seinen Chef sieht und ihn grüßen muss. Wer will denn im Ernst seinen eigenen Hintern sehen? Es reicht doch, wenn man ihn putzt und duscht und ihm nicht böse ist, dass er sich überall so breit macht, dass er zwischen alle Stühle passt und dort nur rumpupst.
Für meine Frau bin ich Luft, mein Chef hat mich an dieselbe gesetzt, weil er mich nie bei der Arbeit gesehen hat, dabei saß er auf mir. Mein Nachbar grüßt mich nicht, dabei hatte ich mal was mit seiner Frau, Frau Schlawinski. Da geht man mal andere Wege und dann passiert so was.
Manchmal glaube ich, Gott weiß gar nicht, dass es mich gibt. Aber gibt es Gott? Er soll bloß aufpassen, wem er seine Zeit opfert, sonst glaube ich nicht mehr an ihn. Gott treibt sich nur noch in Kirchen rum, als hätte er längst klein beigegeben, als hätten wir längst etwas gemeinsam: fehlende Präsenz!
Klar, man soll sich nicht zu wichtig nehmen, aber heute habe ich mich im Spiegel nicht sehen können. Erst später ist mir aufgefallen, da hängt gar keiner. Ich hatte den Streit mit meiner Frau vergessen. Sie hatte versucht mich mit

einem Hammer zu erschlagen und dabei den Spiegel zertrümmert. Ich sag's ja, Scherben bringen Glück.
»Dich trifft auch nichts«, hat sie gesagt. »Dich trifft auch nichts. Nie bist du da, wenn man dich braucht.«
Wo bin ich denn, wenn man mich braucht? Ich muss doch irgendwo zu treffen sein. Ich will Ihnen sagen, wo ich bin, wenn man mich braucht, ich einsamer Held in der Warteschleife.
Ich stehe in der Schlange vor der Käsetheke und wenn ich dran bin, ist mein Käse nicht mehr da.
Ich stehe im falschen Stau auf der falschen Autobahn und erfahre das erst durch das Radio, wie peinlich.
Ich verzweifle im Parkhaus vor der sich nicht öffnenden Schranke und meine Frau will nicht aussteigen, weil ich zu stolz dazu bin.
Ich knie vor dem Passbildautomaten und warte auf mein Bild, das nicht herauskommt, und wenn es endlich herauskommt, sieht es mir nicht mehr ähnlich, weil zu viel Zeit dazwischen vergangen ist.
Ich sitze vor dem Fernseher und schaue mir Filme an, die mir nicht gefallen, und dann schalte ich um und schaue mir Filme an, die mir nicht gefallen. Inzwischen habe ich sogar Lieblingsfilme, die mir nicht gefallen.
Ich liege im Bett neben einer Frau, die mich nicht mehr liebt und von einem anderen träumt.
Meine Frau hat mit mir mal einen Urlaub verlebt, da war ich gar nicht dabei. Ich las nur später auf der Hotelrechnung, dass ich dort mit ihr in einem Doppelbett übernachtet habe und wir noch die Getränke aus der Minibar bezahlen müssen. Das Hotel schickte mir dann auch einen Pullover, den ich vergessen hatte. Der war mir viel zu groß und auf ihm stand »Günther« gestickt, und ich heiße doch nicht »Günther«. Also, lieber eine fehlende Präsenz, als Günther heißen.
Heute habe ich ein selbstgemaltes Strafmandat hinter meinem Scheibenwischer entdeckt. Es ist seit langem das erste

Mal, dass mich einer wahrgenommen hat. Es geht aufwärts. Herr Schlawinski hat mich zwar heute wieder nicht gegrüßt, ist aber auch nicht mehr vor mir fortgelaufen, als er mich den Berg hinaufkommen gesehen hat. Es geht wieder aufwärts. Heute wollte ich mit dem Aufzug vom dritten Stock in das Erdgeschoss fahren, und es hat geklappt, O.K., der Aufzug hat vorher erst noch im fünften Stock und dann im vierten gehalten, bis er sich herabgelassen hat, in das Erdgeschoss zu sausen, aber es geht aufwärts. Ich weiß jetzt auch, dass im vierten und fünften Stock schönere Bilder hängen als im dritten. Wie muss es erst im sechsten Stock aussehen?

Jetzt habe ich einen CDU-Kugelschreiber geschenkt bekommen, und was soll ich Ihnen sagen, er schreibt. Man kann sogar so komische Sätze mit ihm schreiben wie: Merz ist ein Scherz, Merkel ein Ferkel, Stoiber ein Räuber, er schreibt's fehlerfrei, ich hab's probiert. Soviel Selbstironie hätte ich der CDU gar nicht zugetraut; okay, über Niveau kann man streiten, aber es geht aufwärts.

Vielleicht muss man nur die richtigen Fragen stellen, um die richtigen Antworten zu bekommen. Immer wieder laut die richtigen Fragen stellen, um endlich laut die richtigen Antworten zu bekommen: »Wie heißt der Bürgermeister von Wesel?«

»ESEL!«

Rabentage

Wenn ich sauer bin,
dann hol' ich mir am Morgen eine Schachtel Gauloises
und rauch die hintereinander weg.
Brauch' ich nur einmal Feuer –
nicht, dass mir das bekommen würde, aber ich bin ja eh
sauer.

Und wenn ich richtig sauer bin,
dann gehe ich dreimal in den gleichen Louis-de-Funès-
Film,
ohne ein einziges Mal lachen zu müssen, also das macht
mir gar nichts aus.

Und wenn ich dann richtig sauer bin,
dann hole ich mir den neuesten »Playboy«
(ich dachte, das würde mehr Eindruck machen;
in Paderborn gibt es den nicht ohne weiteres, da braucht
man schon Beziehungen),
einen Lucky Luke, lass' mir dann Wasser in die Bade-
wanne laufen
und leg mich dann da rein,
bis das Wasser kalt ist, kann sich noch so anstellen,
ich bleibe drin liegen.

Und wenn ich dann richtig sauer bin,
also nicht, weil das Wetter so ist oder weil es nicht so ist,
sondern weil ich richtig sauer bin,
fahre ich dann am Nachmittag zu meiner Mama – unan-
gemeldet –
und schlage mir den ganzen Tag den Bauch voll,
also Eisbein mit Sauerkraut und Kartoffelpüree,
und nachher gibt es immer Wackelpeterpudding mit
Vanillesoße,

den mag ich zwar nicht, den mag mein Bruder,
aber meine Mutter denkt, ich bin mein Bruder,
und was anderes ist ihr nicht mehr beizubringen,
aber egal,
ich bin ja eh sauer.

Und dabei schau ich Fernsehen
beim Essen, völlig egal,
alle drei Programme auf einmal,
also auch die Lindenstraße,
völlig egal, total egal,
und wenn dann meine Mama zu mir sagt:
»Eh, Junge, dein Teller ist ja schon wieder leer«, dann sag ich: »Stimmt, Mama, haste denn noch was da?«
»Ja klar«, sagt meine Mama, »musste nur Bescheid geben,
ich kann den Spinat doch nicht viereckig servieren.«
Und dann krieg ich noch mal einen Teller mit Spinat, Kartoffeln und 'nem Spiegelei, und nachher noch mal diesen unglückseligen Wackelpeterpudding mit Vanillesoße.

Und wenn ich dann am Abend so in meine Stammkneipe komme,
dann brauch ich gar nichts zu bestellen,
dann kriege ich gleich ein Bier nach dem andern,
ein Bier after the other,
und wenn ich dann so 'n Tisch sehe
und die unterhalten sich so nett
oder sind die ganze Zeit so am Lachen –
also, das kriegen wir schon hin,
wenn ich schlecht drauf bin, 'ne Viertelstunde,
dann zieht dort der große Frust ein.

Und wenn dann mein Wirt zu mir sagt:
»Eh, Junge, jetzt musste aber langsam gehen«,
dann sage ich immer:

»Hä?«
Fällt mir zum Glück immer was ein –
ist doch wahr, sonst denken doch alle, ich vertrag' überhaupt nichts mehr,
und ist doch meine Stammkneipe,
ist doch nicht seine Stammkneipe,
da hört der Spaß aber auf.

Und wenn ich dann abends durch die Straßen gehe
und die Blätter fallen so harmonisch,
weil meinetwegen Herbst ist oder so was,
und der Mond grinst verlegen in seinen Blue Jeans
und kaut gelangweilt
an dem linken Bügel seiner entspiegelten Sonnenbrille,
dann sag' ich: »Macht ihr nur, macht ihr nur,
auch noch 'n bisschen Wind von vorne«,
ich meine
ich lass' mir doch von so was nicht die Stimmung verderben,
doch nicht von Natur.

Und wenn ich dann 'ne Coca-Cola-Dose sehe,
also die kriegt ihren Kick ab,
also auf die hab' ich nur gewartet,
die kriegt ihren Kick ab,
kann noch so oft »gesetzlich geschützt« drauf stehn,
die kriegt ihren Kick ab.

Und wenn ich dann 'nen Mülleimer sehe
und der ist eh locker –
ich meine, wenn der eh locker ist?
Außerdem, was hängt der Mülleimer da,
wenn ich da hergehe?
Mir wirft man's vor, wenn ich rumhänge –
und locker sein kann ich auch.

Eine Fensterscheibe eingeschmissen bei Karstadt
hab' ich noch nicht,
kommt aber auch noch mal, wenn ich sauer bin.

Ich meine,
ist doch besser,
als wenn ich irgendeinen Scheiß mache.

Ab wann akzeptiert man es zum Beispiel, dass ein Warmwasserstrahl kalt bleibt, obwohl man den Knopf mit dem roten Punkt gedreht hat? Da gibt sich niemand gern eine Blöße, da zieht man sich an und hofft, dass das nichts mit einem selbst zu tun hat. Vielleicht war der Warmwasserstrahl ja heiß, nur selbst war man schon so abgebrüht, dass man das nicht mehr spüren konnte. Ich habe mal vor lauter Abgebrühtheit meine Badewanne überlaufen lassen, weil ich es nicht wahrhaben wollte, dass der Abfluss verstopft war. Bei uns macht immer der mit den längsten Haaren den Abfluss sauber, also ich, deswegen trage ich selbst beim Baden eine Badekappe, um mich vor mir selbst zu schützen.

Manchmal habe ich Angst, ich sitze in meiner Badewanne und jemand sieht mich dabei, dann würde ich mich vor Scham langsam auflösen
wie meine Seife in der Badewanne
wie meine Seife in der Badewa
wie meine Seife in der Ba
wie die frische Seife Fa, und dann soll mal einer kommen und versuchen mich zu schnappen, dem flutsch ich doch glatt weg.

Der Abschiednehmer

Der Hauptbahnhof in Paderborn ist vor allen Dingen klein. Wenn man ihn betritt, steht man fast schon auf Gleis 1. Natürlich kann man auch kleine Bahnhöfe so gestalten, dass der wartende Zugfahrgast sein Warten nicht als Pein empfindet. Leider konnte der Paderborner Bahnhof über Jahre hinweg die Aufgaben eines gepflegten und gastlichen Bahnhofes nicht erfüllen. Es gab eine Zeit, da beschwerten sich Ankommende über ihn. Leserbriefe in Zeitungen schilderten von traumatischen Erlebnissen an diesem Ort. Die Toilettenbenutzung war zu teuer und es gab keinen Platz, wo man sich aufhalten und warten konnte. Das einzig Normale war der niedliche Punk, der vor dem Haupteingang stand und alle Vorübereilenden um einen Euro anschnorrte.

Das hat sich nun geändert. Eine kleine McDonald's-Filiale ist nun im Raum der lange leerstehenden Bahnhofsgaststätte und eine Bäckereikette bietet Platz, um kleine Speisen oder einen Kaffee zu sich zu nehmen.

Hier traf ich Friederich Rupitz. Er war mir aufgefallen, da er im neuen bahn.bonus-Prämienheft der Bundesbahn erwähnt wurde. Am bahn.bonus-Prämienprogramm konnten Inhaber einer gültigen BahnCard, JahresCard mit bahn.comfort-Status oder BonusCard-Business teilnehmen. Für die BahnCard-Jahresgebühr und für jeden Fahrkartenkauf mit BahnCard-Rabatt (Mindestwert von 5,- Euro) wird dann für jeden Euro ein bahn.bonus-Punkt gutgeschrieben. 1.-Klasse-Kunden wie ich erhalten sogar 1,5 bahn.bonus-Punkte für jeden Euro. Die gesammelten Punkte konnte man dann für eine Mitfahrer-Freifahrt oder einen Genussgutschein für das Bordrestaurant einsetzen.

Ich lebe allein und habe mein Geld gut angelegt, so dass ich weder den einen noch den anderen Vorteil ausnutzen wollte. Unter den neuen bahn.bonus-Prämien ab dem

1.12.2007 tauchte aber auch der Name von Friederich Rupitz auf. Er war Abschiednehmer. Er stand in Paderborn am Bahnhof und winkte Alleinreisenden nach. Das machte mich neugierig. Sollte der kleine ostwestfälische Bahnhof etwas gefunden haben, was seinen ramponierten Ruf auffrischen würde?
Ich fahre oft am Wochenende zu meiner Mutter nach Hamm. Sie lebt dort in einem Heim und freut sich über meinen Besuch, obwohl sie nicht mehr weiß, wer ich bin. »Ich bin es doch, Hugo«, sage ich oft zu ihr, »dein einziger Sohn«.
Mein Zug fahrt um 9:51. Ich stehe oft allein in der Halle und beneide alle, die sich umarmen und küssen können. Hier käme mir ein Abschiednehmer gerade recht.
Ich rief Herrn Rupitz an und war gespannt, wer sich hinter dem wohlklingenden Namen verbergen wird.
»Rupitz, Friederich«, sagte er. »Sie gehen, ich bleibe.«
»Sie sind der Abschiednehmer?«, fragte ich.
»Ja«, sagte er, »wenn Sie mich brauchen, dann komme ich«.
Wir verabredeten uns. Wir wollten uns im hinteren Bereich der Bäckereikette Lange treffen.
»Ich komme gerne früh und gehe dann lieber eher«, sagte ich.
»Kein Problem«, sagte er. »Verlassen Sie sich einfach auf mich. Ich weiß, wie man auseinandergeht.«
Es war an einem Sonntag im Februar. Draußen war es so überraschend kalt geworden, dass alle über das Wetter sprachen. Ich saß schon im hinteren Teil des Bahnhofcafés als ich Herrn Rupitz auf mich zukommen sah. Ich erkannte ihn sofort. Friederich Rupitz war ein großer Mann, der dichtes schwarzes Haar hatte. Er trug einen grauen Anzug mit weißem Hemd und hatte einen rotweißkarierten Schlips um, der auch das verabredete Erkennungszeichen war.

Wir drückten uns die Hand, als wären wir alte Bekannte. Herr Rupitz zog sich dafür seine Lederhandschuhe aus und seine Hände waren warm und wohlgeformt.
»Mein Name ist Rupitz«, sagte er. »Sie gehen, ich bleibe.«
Ich bat ihn, sich zu setzen. Er lehnte eine Mappe, die er um die Schulter gebunden hatte, an seinen Stuhl.
»Entschuldigung«, sagte er. »In der Mappe ist eine Tafel, die ich manchmal bei meiner Arbeit als Abschiedsnehmer einsetze.«
»Eine Tafel, auf der man mit Kreide etwas schreiben kann?«, fragte ich.
»Genau«, sagte er, »aber das muss Sie nicht belasten. Jetzt haben wir uns erst mal gefunden, das ist das Wichtigste«.
Mein Zug fuhr erst in 21 Minuten und auch das nur, falls er pünktlich sein sollte.
»Sie brauchen mich nicht nachher zum Gleis zu begleiten«, sagte ich.
Er lächelte, nahm seine randlose Brille ab und wischte die Gläser mit einem Tuch sauber.
»Es ist draußen kalt«, sagte er.
Ich wusste nicht, ob sich dieses auf seine beschlagene Brille bezog oder auf den Umstand, dass niemand alleine bei diesem Wetter auf einem Bahngleis stehen sollte. Wir schauten uns an und sagten nichts.
»Wohnen Sie gerne in dieser Stadt?«, fragte er schließlich.
Ich nickte sofort. Ich war überzeugter Kleinstädter. Paderborn war so herrlich unaufregend. Ich mochte meine Ruhe hier. Ich mochte mein kleines beschauliches Leben. Sicher, ich lebte alleine und hatte auch keinen engeren Freundeskreis vorzuweisen, aber ich spürte mich trotzdem in der Stadt zuhause und als ein Teil von einer Gemeinschaft, die beschlossen hatte, miteinander alt zu werden, ohne sich gegenseitig auf die Nerven zu gehen.
»Verabschieden Sie sich oft?«, fragte ich ihn.
Er lächelte wieder und schaute sich um.

»Ach ja«, sagte er plötzlich, »man muss hier ja seinen Kaffee selbst holen. Ich vergesse das immer.«
Er stand auf und reihte sich an der Verkaufstheke in die Schlange ein. Es war Sonntag und viele besuchten den Bahnhof, um sich hier frische Brötchen zu holen. Endlich wurde Herr Rupitz bedient und kam mit einem großen Becher Kaffee zu unserem Tisch.
»Entschuldigen Sie«, sagte er. »Wie war noch mal die Frage?«
Er trank von seinem Kaffee. Mir fiel auf, dass er dabei die Augen schloss. Ich war auf meinem Plastikstuhl ein wenig eingesackt und richtete mich wieder auf.
»Ich wollte fragen«, formulierte ich noch mal, »ob sie als Abschiednehmer oft gebraucht werden?«
Er drehte seinen Kopf über seinen Schultern, als quälten ihn Verspannungen, die er so lösen wollte.
»Einmal fiel mir auf, wie schwer Menschen sich von ihrer Heimatstadt trennen können«, sagte er dabei. »Sie rollen ihre Koffer hin und her und zögern den Augenblick der Abfahrt so weit wie möglich heraus. Manche ziehen sich eine Caprisonne aus einem Süßigkeitenspender und saugen lustlos an dem Strohhalm. Jeder brauchte etwas, an das er sich halten konnte.«
Ich nickte, sagte aber nichts. Wie recht Herr Rupitz hatte. Ich kenne das. Ein Bahnhof ist ein Niemandsland. Wie seltsam, dort allein zu sein. Man fühlt sich so wehrlos seinen Gefühlen ausgeliefert. Wer steigt schon gerne in ein Zugabteil, ohne durch eine launige Reaktion diesen Umstand zu entwerten?
Bahnfahren ist nur mit Humor zu ertragen. Man braucht einen Menschen neben sich, dem man beweisen kann, wie überlegen man in diesem Augenblick ist.
Der Abschiednehmer nahm seine Uhr ab und legte sie auf den Tisch. Er wollte die Zeit im Auge behalten, damit wir uns bei wichtigen Gesprächsthemen nicht verloren. Er ist Profi, dachte ich, das spürt man gleich.

»Der Abschiednehmer steht am Bahnhof und hilft beim Abschiednehmen«, erklärte mir Herr Rupitz seinen Beruf. »Jemand fährt fort und ich rufe: Komm bald wieder. Ich hab dich gern. Leben ohne dich ist langweilig. Ich halte deinen Platz frei, solang du fort bist. Das ist doch schön, oder?«
»Das ist schön«, sagte ich. »Schön und tröstlich.«
Wir tranken unseren Kaffee. Wir schwiegen und fieberten dem Augenblick entgegen, an dem wir uns wieder trennen mussten.
Eine ältere Frau trat an unseren Tisch. Sie zog einen Koffer hinter sich her, der quietschte wie ein kleiner Hund. Sie zögerte mit ihrer Frage, obwohl man schon sah, dass sie sie stellen würde.
»Entschuldigen Sie, Sie sind doch der Abschiednehmer, oder?«, fragte sie schließlich.
Herr Rupitz stand auf, hob seinen Hut und grüßte.
»Rupitz, Friederich«, sagte er. »Sie gehen, ich bleibe.«
Die Frau lächelte.
»Entschuldigen Sie bitte noch mal die Störung«, sagte sie. »Ich sammle wieder neue bahn.bonus-Punkte, damit wir uns bald wieder trennen können. Sie haben mir so gut getan.«
Herr Rupitz setzte sich und schaute zu mir. Die Frau neigte ihren Kopf und zog sich demutsvoll in die Bahnhofshalle zurück.
»Ich kam zu ihr mit einer kleinen A-cappella-Gruppe. Wir sangen ein Abschiedslied. Es war alles sehr rührend«, sagte er.
»Eine A-cappella-Gruppe?«, fragte ich erstaunt.
»Ja«, sagte Herr Rupitz lächelnd, »ab 10.000 bahn.bonus-Punkten kann man mich mit einer A-cappella-Gruppe mieten. Übrigens komme ich ab 12.000 Punkte auch mit Blasorchester«.
Wir lachten. Herr Rupitz trommelte mit seinen Fingern auf den Tisch. Er stand auf. Es war Zeit zu gehen. Er hing sich seine Mappe um und ging hinter mir her.

»Sie kommen mit?«, fragte ich.
»Nur, wenn Sie das wollen«, sagte er.
Ich wollte, dass er mir nachsah. Es tat mir gut, dass ich ihn in meiner Nähe wusste. Er fragte, ob er meine Reisetasche tragen sollte, dies verneinte ich aber entschieden. Sobald wir das Gleis betraten, froren wir. Es war kalt. Der Zug stand schon da und die Menschen, die bereits in ihm Platz genommen hatten, sahen einsam aus. Um uns herum halfen Männer Frauen in den Zug, andere umarmten sich oder weinten schon vor der Abfahrt. Ich zögerte den Augenblick des Abschiednehmens heraus. So muss sich jemand fühlen, der sich wirklich nicht gerne von einem Ort entfernt, dachte ich überrascht. Ich wusste nicht, ob ich Herrn Rupitz umarmen wollte. Er war mir sympathisch, aber im Grunde kannten wir uns nicht und taten nur so, als ob wir uns vermissen würden. Ich fragte mich, was er noch alles in seiner Mappe bei sich trug. Als ich mich noch einmal bei einem Mitarbeiter der Bahn erkundigte, ob dies auch wirklich der Gleisabschnitt war, in dem der Zug nach Hamm abfahren würde, sah ich, dass er seine Mappe öffnete. Ich konnte einen Blick auf einen Plastikblumenstrauß erhaschen. Er holte eine Broschüre heraus, welche er mir entgegenhielt.
»Das ist für Sie«, sagte er.
Ich wurde rot. Das Geschenk machte mich verlegen. Er drückte mir die Broschüre in die Hand. Es war das Infoheft der Deutschen Bundesbahn: »Städteverbindungen Paderborn«.
Ich war gerührt und blätterte in der Broschüre.
»Danke«, sagte ich. »Dieses Buch ist zurzeit vergriffen.«
»Es ist nur eine Reiselektüre«, flüsterte er. »Das ist nichts Besonderes.«
Ich umarmte Herrn Rupitz. Als ich mir dessen bewusst wurde, ließ ich ihn langsam wieder los. Ich schaute ihn an. Er schien nicht verwundert zu sein.
»Tut mir leid«, flüsterte ich.

»Das ist nicht schlimm«, murmelte er. »Verabschieden ist nicht einfach. Da muss man auf sein Herz hören.«
Ich stieg in den Zug. Ich stand noch in der Tür, als wir uns zum Abschied die Hand reichten. Ich ging in das Abteil. Herr Rupitz ging mit. Er ging auf dem Bahnsteig am Zug vorbei, ich nahm den Gang durch die Abteile. Endlich fand ich meinen Platz und wollte dort das Fenster öffnen. Es klemmte. Ich schaute nach draußen und zuckte mit den Schultern. Herr Rupitz lächelte. Er holte aus seiner Mappe seine Tafel und schrieb darauf. »Zugfenster klemmen immer.«
Wir lachten. Er ist wirklich einzigartig, dachte ich. Ein Abschiedsprofi, der auf alle Umstände eingestellt ist.
Wir nickten uns zu. Er wischte seine Tafel wieder sauber und schrieb erneut mit der Kreide: »Soll ich Sie heute Abend abholen?« Ich wusste nicht, was ich sagen sollte. Ich wusste auch nicht, ob ich genug bahn.bonus-Punkte gesammelt hatte, um mir dieses Extra leisten zu können. Ich nickte schließlich.
»Dann komme ich«, rief er mir zu. »Ich kann nicht nur verabschieden, ich kann auch gut empfangen.«
Ich formte mit meinem Mund das Wort »Danke«, hauchte an die Scheibe und malte darin ein Herz.
Der Zug fuhr an. Ich sah, dass Herr Rupitz ein Taschentuch aus seiner Jacke zog. Ich dachte erst, er wollte wieder seine Brille reinigen, als er mir damit hinterher winkte. So ein perfekter Kerl, dachte ich. Ich musste weinen. So schwer war mir ein Abschied noch nie gefallen. Ich riss an dem Zugfenster, welches sich plötzlich wie von selbst nach unten schob. Ich hörte Herrn Rupitz rufen: »Komm bald wieder. Ich hab dich gern. Leben ohne dich ist langweilig. Ich halte deinen Platz frei, solange du fort bist.«
Ich schüttelte gerührt den Kopf und zog meine Nase hoch. So sollte ein Abschied sein, dachte ich, dann kommt man auch gerne wieder. Ich war stolz, in einer Stadt zu leben, die einen eigenen Abschiednehmer anbieten konnte. Ich

freute mich schon darauf wiederzukommen. Ich nahm mir vor, Herrn Rupitz zum Essen einzuladen.

Erwin Grosche auf dem Weg zur Schule

Padermann

Padermann sucht die Wahrheit

Padermann war überrascht, wie einfache Wahrheiten doch im Alltag ihre Gültigkeit bewahren konnten. Gestern aß er seine Suppe nicht auf, heute regnete es über Paderborn. Gestern kreuzte eine schwarze Katze seinen Weg, heute starb sein Kanarienvogel Igor. Letzte Woche hatte ihn ein Arbeitskollege beleidigt, dann konnte man in der Zeitung lesen, dass er von einem Blitz erschlagen worden war. Vielleicht war auch der Geburtenrückgang in Paderborn eher mit dem Aussterben des Klapperstorches zu erklären als mit einer allgemeinen Gebärunlust. Padermann war zufrieden. Die Welt war gut eingerichtet, wenn man keine Wunder erwartete.

Padermann und der Trockner

Padermann sah die nasse Wäsche seiner Mutter auf der Wäscheleine dösen. »Bei diesem Wetter, Mutter«, sagte er, »wird die Wäsche bestimmt niemals trocken werden.«
»Oh nein, oh nein«, klagte seine Mama. »Wie soll ich Papa nur erklären, dass er seine Lieblingsunterhosen nie wieder anziehen kann?«
Padermann hatte eine Idee. Er holte tief Luft, ganz, ganz tief Luft. Schnell bepustete er die Wäsche an der Wäscheleine, bis Hosen und Hemden himmelhochjauchzend flatterten und ›haste nicht gesehen‹ trocken wurden. Wirklich ein schönes Bild auf der schlichten Wiese, die gestern noch gemäht worden war.
Was ist das praktisch, wenn der Sohn Superkräfte hat, dachte Padermanns Mama und räumte die trockene Wäsche fein in Schublade und Wandschrank ein.

Padermanns Heldentaten
3. Mai

Aus Padermanns Tagebuch: »Liebes Tagebuch. Heute schickte ich den Aufzug unbemannt in den achten Stock und versuchte, die gleiche Strecke durch Laufen zu bewältigen. Ich sah danach Sterne, war aber um einiges eher da als der Aufzug, zumal ich es so eingerichtet hatte, dass er in jedem Stock halten musste, um seine Türen zu öffnen. Nach meinem Sieg ließ ich mich von ihm in aller Demut in das Erdgeschoss bringen und frohlockte beim Abschied: ›Ich fahr so gerne Aufzug, Aufzug, denn er bringt mich hoch. Und bringt er mich auch runter, so sing ich trotzdem munter. Ich fahr so gerne Aufzug, Aufzug, denn er bringt mich hoch.‹
Das sind natürlich Triumphe.«

Padermann tippt Lotto

Das Glück ist ein Blatt im Wind. Auch Superhelden hetzen ihm hinterher und danken dann ihrem Schöpfer. Padermann war ein souveräner Lottospieler. Er wusste, dass das Glück nicht automatisch heimkam, sondern man es locken musste wie einen jungen Hund. Padermann hatte ein System. Er achtete bei seinen Rettungsflügen über der Stadt auf LKW der Marmeladenfirma Stute. Diese LKW hatten am Führerhäuschen eine Zahl angebracht, die ihren Einsatz koordinierte und ihnen einen Parkplatz auf dem Fabrikgelände sicherte. Fuhr ihm ein Stute-LKW entgegen, hoffte er, dass die Zahl auf der Fahrertür eine der 49 ankreuzbaren Zahlen eines Tippscheins war, und merkte sie sich dank seines Supergedächtnisses. Einmal flog Padermann beruflich nach Köln, um den Erzbischof bei einem Besuch des dortigen Schokoladenmuseums zu begleiten. Plötzlich kamen ihm auf der Gegenspur 13 Stute-LKW entgegen. Padermann erkannte sofort, dass sechs von ihnen LKW-Nummern hatten, die in das Lotto-Totto-Spieleraster passten.

Padermann merkte sich die Geheimzahlen und kreuzte sie später bei Tabak Berens auf einem ausgelegten Tippschein an. Ungeduldig wartete er auf die Ziehung der Lottozahlen, die live im Fernsehen übertragen wurde. Wie enttäuscht war er, als er nicht zu den Gewinnern gehörte und als Trostpreis nur eine Tafel Schokolade erhielt!

Wütend zerriss er den Tippschein. »Schokolalla für den dicken Kalla, Schokolädchen für das kleine Mädchen«, rief er.

Das Glück ist nicht nur launisch, sondern auch unberechenbar. Die Lottozahlen von Padermann erschienen eine Woche später, weil die ausgelieferten Stutefruchtsäfte auch erst in der folgenden Woche für die Supermarktregale vorgesehen waren. Das konnte Padermann nicht wissen. So scheu kann das Glück sein, umso mehr sollte man sich freuen, wenn es dich mal bevorzugt in seine Karten schauen lässt.

Erwin Grosche mit Band (1981) (Foto Ulrich Pollmann)

Padermann will nicht verstanden werden

Wenn Padermann nicht verstanden werden will, brauchte er nur Englisch zu sprechen. Dann verstand ihn niemand, am wenigsten die Engländer. Manche dachten sogar, der Teufel hätte von ihm Besitz ergriffen, so unnatürlich brach die Sprache aus ihm hervor. Am bedrohlichsten erschien er, wenn er versuchte, das Geheimnis des Dreihasenfensters in dieser Sprache zu erklären.
»There are three rabbits and the rabbits has together three ears, but if we looking on a special way, you can see, that every rabbit has two ears.«
Da rannte man doch lieber seinem Unglück entgegen und starb deutsch.

Padermann entdeckt die Saugfähigkeit des Westfälischen Volksblattes

Kürzlich schüttete ich mir einen Kaffee in meine geöffnete Reisetasche. Ich hatte dort ein Käsebrötchen verstaut und wollte sie gerade schließen, als mir der entgegengehaltene Kaffeepappbecher zu heiß wurde und in meine Reisetasche fiel. Zum Glück hatte ich kurz vorher in der Bahnhofsbuchhandlung ein »Westfälisches Volksblatt« erworben, welches mit der Donnerstagsbeilage »Paderborn heute« besonders dick war. Dieses »Westfälische Volksblatt« saugte den Kaffee wie ein Löschpapier auf und verhinderte das Schlimmste. Ich erinnerte mich sofort an den Krimi, wo ein Verbrecher durch eine zufällig mitgeführte Bibel vor einer Kugel gerettet wurde, sie blieb in der Bibel stecken (und zwar beim Psalm: »Der Herr ist mein Hirte, es wird mir an nichts mangeln«). Er wurde dadurch gläubig und nervte mit dieser Anekdote noch wochenlang seine Mörderfreunde. Dieser Film kam mir in den Sinn, weil doch auch mich dieses Wunder mit der Donnerstagsausgabe des »Westfälischen Volksblatt« ereilt hatte und dadurch ein seltenes, schon vergriffenes Peter-Rühmkorf-Buch, mein Unsichtbarkeitsumhang und ein Bäckerei-Lange-Käsebrötchen gerettet wurden. Bemerkenswert war auch, dass das »Westfälische Volksblatt« danach noch zu lesen war. Wie lehrreich war dieser Artikel, der davon handelte, dass im neuen Rolandsbad endlich Wasser eingelassen wurde! Und wer behauptete da noch, es gebe keinen Gott?

Padermann und das Paderborner Brot

Padermann stand vor dem Brotregal der Bäckerei Hermisch und konnte sich nicht entscheiden. Sollte er wie immer ein Paderborner Brot kaufen? Er kannte nicht den Unterschied zwischen einem Canossabrot und einem Herbstliboribrot. Er dachte, vielleicht sollte man einem Brot einen Namen geben, der mehr über seinen Geschmack aussagt als über die Zeit, in der es gebacken wurde. Ganz anders das Paderborner Brot. Das Paderborner Brot glänzte durch Schlichtheit im Aussehen und durch einen einfachen Namen, der bewusst den Herkunftsort in den Vordergrund stellt. So wusste man, was man hatte. Auch der Paderborner ruht in sich und verzichtet auf Augenwischerei und Raffinesse, um zu gefallen. Ein Paderborner Brot überzeugte letztendlich erst durch seinen Belag, alles andere war eine gesichtslose Vorgabe. Es gab aber auch Gegenbeispiele, Padermann dachte an das Kosakenbrot. Wer wusste noch, wer die Kosaken waren? Wer erinnerte sich daran, dass sie für Mord und Plünderungen standen? Wer ahnte, dass es genau diese Seiten der Kosaken waren, die dem dunklen Roggenmischbrot seinen Namen und seine Bestimmung gaben? Es soll sattmachen, ein derber Aufschnitt passt zu seiner Stärke und man isst es, indem man kräftig zubeißt. Vielleicht sollte man dem Kosakenbrot einen Namen geben, der in die heutige Zeit passt und trotzdem eine gewisse Düsterheit transportiert. Padermann dachte an: »Das Politessenbrot«. Diese Bezeichnung gab dem Brot seine Unnahbarkeit zurück und ist gleichzeitig eine Würdigung für eine umstrittene Tätigkeit.

Padermann und Rüdiger Nehberg

Die Paderhalle war einer dieser Veranstaltungsräume, die die Auslastung ihrer Räumlichkeiten vor jeden Auftrag, geschweige denn vor Qualität stellten. Padermann wollte selbst einmal dort gastieren und der Bevölkerung seine Vorschläge für den Neubau der Kammerspiele vortragen. Leider stieß er bei den Betreibern der Halle auf wenig Begeisterung.

Sie vergaben lieber ihre Räumlichkeiten an den Abenteurer Rüdiger Nehberg, der dort von seinen Abenteuern berichten durfte. Er wollte dort laut Programmheft zeigen, »was ihn befähigte, monatelang im Abseits der Welt bestehen zu können– zwischen kalkulierbaren Naturgewalten und unberechenbaren Menschengestalten«. »Moment mal«, sagte Doktor Stark zu Padermann, »schildert Rüdiger Nehberg also einen ganz normalen Tag in Paderborn? Also unser Leben abseits der Welt, zwischen kalkulierbaren Naturgewalten und unberechenbaren Menschengestalten?« Padermann lachte nicht. Er mochte es nicht, wenn man Scherze über seine Heimatstadt machte.

Padermann versöhnt Drewermann und den Erzbischof

Padermann versöhnte Drewermann und den Erzbischof. Was niemandem gelingen wollte, gelang dem Paderborner Superhelden. Nach einer Aussprache der Lokalmatadore im Café Röhren sah man wieder einer gemeinsamen Zukunft entgegen.
Der Erzbischof hatte seine E-Gitarre mitgebracht und Drewermann sein Fahrrad. Padermann hatte den beiden Streithähnen erst mal kräftig den Kopf gewaschen und dann Kuchen bestellt. Keiner sagte lange Zeit ein Wort. Drewermann gab Autogramme und der Erzbischof stimmte seine E-Gitarre. Schließlich begann Padermann das Versöhnungsspiel: »Denken Sie daran, dass Sie als Vorbilder nicht im Streit leben sollen«, flüsterte er. Der Erzbischof nickte, Drewermann auch. Padermann sprach weiter: »Wir sind alle für Frieden und Verständigung. Wir sollten damit auch bei uns beginnen.«
Drewermann gab ein Autogramm, während der Erzbischof noch einen Kaffee orderte.
»Es muss doch möglich sein, trotz unterschiedlicher Lebensmodelle, für die großen Ziele an einem Strang zu ziehen«, sagte Padermann.
Drewermann nickte. Der Erzbischof auch.
So ging es hin und her. Um 20.00 Uhr wollte Frau Röhren ihr Café schließen, als der Erzbischof dem hageren Kirchenkritiker seine Hand entgegenstreckte. Drewermann schaute nicht hoch. Er überlegte.
»Wenn Sie sich versöhnen würden«, sagte Padermann, »dann würde ein Ruck durch die Paderstadt gehen.«
Drewermann nickte. Er ergriff die Hand des Erzbischofs und drückte sie. Alle atmeten erleichtert auf. Das Wunder der Versöhnung erfasst auch manchmal Menschen, die trotzdem bei ihren unterschiedlichen Ansichten bleiben wollen. Die beiden Kontrahenten verabredeten sich sofort

für den nächsten Tag, um für Drewermann einen neuen Pullover zu kaufen.
»Ich heiße Eugen«, sagte Drewermann.
»Das macht doch nichts«, sagte der Erzbischof.
Beide lachten und schauten dankbar Padermann an.

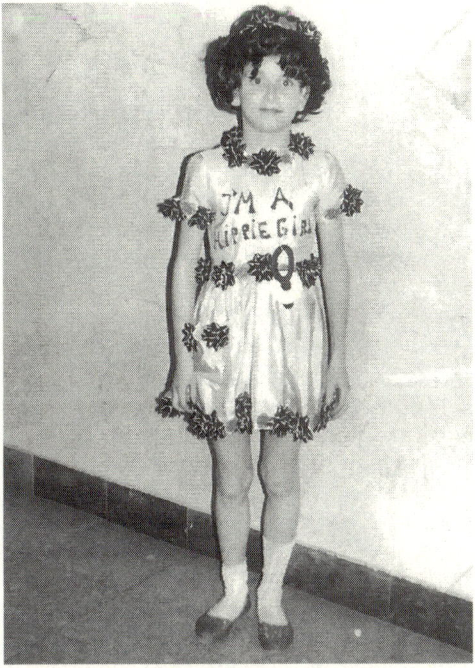

Erwin Grosche als Hippiegirl (1981), dem ersten Preis im Kostümwettbewerb

Aus dem Jugendbuch »Anne und die Bankräuber«

Alles begann am Tag der Beerdigung. Ich schaute ungläubig in die Welt und hatte Angst vor dem Abschiednehmen. Ich wusste noch nicht, dass dies nur der Beginn von unglaublichen Tagen war, die unser aller Leben verändern würden.

Auf dem Friedhof schien die Sonne und leuchtete jeden Flecken aus. Alles hing reglos in der Hitze herum und litt. Baum, Strauch und Mensch ließen die Köpfe hängen. Papa hatte darauf bestanden, dass ich das schwarze Samtkleid anzog, das Oma einmal für mich genäht hatte. Ich hasse dieses Kleid. Ich sehe darin aus wie eine Bürostehlampe. Ich konnte nicht glauben, dass Mama gewollt hätte, dass ich mich an ihrem Ehrentag in dieses Kleid zwänge und mich zu Tode schwitze. Aber Mama fehlte mir, obwohl ich sie noch um mich spüre, wie alles, was wichtig war.

Wir bildeten nur eine kleine Gruppe, die um das ausgehobene Grab stand. Die meisten kannte ich nicht, glaubte aber, Mamas Frisörin unter den Trauernden zu entdecken. Auf jeden Fall war dort eine Frau, die sich extra für diesen Tag die Haare aufgedonnert hatte. Sie sah aus wie ein Blumenkohl und hielt sich dauernd ein Taschentuch vor die Augen, obwohl sie gar nicht weinte. Ich verstand gar nicht, warum so wenige Leute zu Mamas Beerdigung gekommen waren. Niggi, mein Freund, war auch nicht gekommen. Er hatte mir doch versprochen, da zu sein, wenn ich ihn brauche. Verräter. Ich sah auch sonst niemanden aus meiner Klasse. Wahrscheinlich hatte Papa wieder vergessen, allen Bescheid zu sagen. Papa vergaß sowieso immer alles, aber seitdem Mama tot war, vergaß er manchmal sogar das. So waren wir nur Wenige und drängten uns aneinander wie Pinguine.

Der alte Priester sprach durch ein Mikrofon, damit man ihn verstehen konnte. Der Lautsprecher quietschte, und die tröstenden Worte quetschten sich aus ihm heraus wie Kinder, die durch eine zu enge Tür auf den Pausenhof stürmten. Es waren Allerweltsworte. Aber was kann man auch sagen über einen Menschen, den man gar nicht gekannt hat? Ich konnte mich jedenfalls nicht erinnern, dass Mama und unser Priester, Herr Dinslaken, sich mal getroffen hätten, um über den Tod zu reden, und selbst wenn, war Mama niemand, der viel von sich her machte, sondern lieber zuhörte. Das konnte sie nun. Der Priester sprach von der Liebe und dass sie ewig währen würde. Ich wollte gar nicht weinen, aber als der Sarg in die Erde gelassen wurde, kamen mir doch die Tränen. Meine Mama war lange krank gewesen, und ich dachte eigentlich, ich hätte mich schon verabschiedet. Aber plötzlich kullerten mir die Tränen nur so aus den Augen und ich sagte rasch »Tschüss, Mama«, bevor ich eine Sonnenblume in ihr Grab warf. Sonnenblumen waren ihre Lieblingsblumen gewesen, weil sie immer den Kopf zur Sonne wendeten und das Licht suchten.
Ich schaute auf Papa, der in seinem schwarzen Anzug aussah wie ein Oberkellner. Er hatte trotz der Hitze seinen grauen Pullunder über das weiße Hemd gezogen und bemerkte nicht, wie ihm der Schweiß von der Nase tropfte. Er lächelte abwesend, als wäre er mit den Gedanken ganz woanders. Ich ging wieder zu ihm und wollte gerade seine Hand nehmen – da trat ein Mann zu ihm, den ich noch nie gesehen hatte. Ich wusste sofort, wer er war: Vor mir stand Berti, mein Halbbruder aus Oldenburg. Er war Papa wie aus dem Gesicht geschnitten. Er sah immer noch so aus wie auf dem Bild, das bei uns auf dem Fernseher steht. Er sah aus wie ein Waldmensch, als wäre er mit einem Eichhörnchen verwandt. Er hatte langes rotes Haar, in dem sich schon ein paar graue und weiße Strähnen versammelt hatten, als wollte er mal Zauberer werden. Er

trug eine Lederjacke und eine alte schwarze Jeans, die sich um seinen dicken Bauch so spannte, als wollte sie gleich platzen. Berti stammt aus Papas erster Ehe und gehört deshalb nicht ganz zur Familie, sondern nur halb. Er hat uns auch nie besucht, wenigstens nicht in der Zeit, an die ich mich hätte erinnern können. Ich wusste immer nur, dass er schon groß war und schnell Auto fahren konnte wie ein Rennfahrer. Nun war ich überrascht. Mir hatte niemand gesagt, dass mein Bruder kommen würde und dass wir erst das Abenteuer unseres Lebens meistern mussten, um uns gut zu verstehen.

Und das Abenteuer begann an diesem Tag.

Berti trug seinen Autoschlüssel in der Hand und wedelte so damit hin und her, dass der daran hängende Plastikaffe wild hin und her hüpfte. »Hallo, Anne«, sagte er mit tiefer Stimme. »Ich bin dein Bruder Berti. Erinnerst du dich noch an mich?«

Er lächelte mir zu und tausend Falten umtanzten seine Augen.

»Du bist nur mein Halbbruder«, sagte ich zu ihm, obwohl ich wusste, dass das unhöflich war. Ich spürte, dass ich Lust hatte, jemandem wehzutun. Da kam mir mein Halbbruder gerade recht. Ich war gespannt, wie er reagieren würde. Doch er streckte mir nur eine Riesenhand entgegen und lächelte mich weiter an. Ohne es zu wollen, ergriff ich mit meiner kleinen Hand seinen Riesenpatscher und schüttelte ihn viel zu lange, als ständen wir unter Strom.

»Also gut, ich bin dein Halbbruder Berti«, sagte er. »Das tut mir leid mit deiner Mutter. Es tut mir auch leid, dass ich zu spät gekommen bin.«

Ich hörte leise lustige Musik und drehte mich um. Hinter der Friedhofsmauer, auf dem nicht asphaltierten Weg, stand sein Auto. Es war ein roter Schrott-VW-Bus mit einer schwarzen, später ausgewechselten Heckklappe. Mir fiel auf, dass die Reifen dampften. Die Musik kam aus

dem Innern, Berti hatte wohl vergessen, das Radio auszumachen.
»Wenn dein Vater in der Klinik ist«, sagte mein Halbbruder, »werde ich mich um dich kümmern.«
Ich schaute Papa an. Er nickte. Die Sache schien klar zu sein. Die beiden mussten sich hinter meinem Rücken abgesprochen haben. Ich war wie vor den Kopf geschlagen. Nicht nur, dass mein Vater in eine Klinik musste, nun stand auch noch mein Halbbruder vor mir und wollte bei uns wohnen.
Ich war wütend. Ich wollte gerade schimpfen, als zwei Männer mich anrempelten und sich hinter uns stellten, als gehörten sie dazu. Ich kannte sie nicht, doch ich sollte sie bald besser kennenlernen als mir lieb sein würde. Heute wunderte mich gar nichts mehr. Sollen doch alle kommen und gehen. Die Welt ist ein Taubenschlag und ich kann nicht fliegen. Ich schaute zu den beiden Männern. Der kleine Dicke von den beiden faltete die Hände, während der große Lange von ihnen sich dauernd umdrehte und zwei Einkaufstüten an sich drückte wie Babys.
Wir beteten ein Schlussgebet und sangen ein Lied, ich musste laut darüber lachen, wie laut und falsch mein Halbbruder singen konnte.
»Papa«, flüsterte ich, aber mein Papa hörte mir nicht zu. Nun kamen auch noch Frau Niggemeier, unsere Ortspolizistin, und zwei Helferinnen zu uns herübergelaufen, schauten dem großen Langen in seine Einkaufstüten und liefen dann wieder weiter. Was war da los?
Papa riss mich aus meinen Gedanken. Er stolzierte plötzlich wie aufgedreht los und war nicht mehr zu halten. Er konnte nirgends lange verweilen, seitdem Mama gestorben war. Es war so, als wüsste er nicht mehr, wohin er gehörte. Berti und ich schauten uns an und liefen dann zu seinem Auto. Berti humpelte dabei mehr, als dass er lief und stöhnte bei jedem Schritt. Ich schaute auf seine Schuhe und wunderte mich, dass man in diesen ausgetre-

tenen Turnschuhen überhaupt noch laufen konnte. Ich sah ihn kopfschüttelnd an, aber er hatte sich schon stöhnend hinter das Steuer geklemmt. Berti startete den Motor. Er stieß von innen die Beifahrertür auf. Ich sprang auf den Nebensitz. Die Öllampe leuchtete auf.

Ich sagte: »Die Öllampe leuchtet auf. Du musst Öl nachlullen.«

Berti blinkte und fuhr los.

»Die Öllampe leuchtet immer auf«, sagte er, »das ist völlig normal.«

Wir fuhren hinter Papa her. Er ging ruhig und zielstrebig durch unser Dorf, ohne nach links oder rechts zu schauen. Ich ahnte, was er vorhatte. Er war auf dem Weg zum Gasthaus Scholz, wo die Beerdigung ihren Ausklang fi nden sollte. Ich atmete auf, da wollten wir auch hin. Ich schaute mich um. In Bertis Bulli sah es aus wie in einem unaufgeräumten Kinderzimmer. Alles lag kreuz und quer auf einer Matratze, die den ganzen hinteren Heckbereich verstopfte. Zwei Einkaufstüten standen in der Ecke und waren mit einer Decke halb abgedeckt. Berti war ganz aufgeregt. Immer wieder sagte er: »Was hat er denn bloß? Was macht er denn bloß?« Er fuhr im Schritttempo und suchte den Parkplatz hinter dem Gasthaus.

Berti schnaufte dauernd und machte sich anscheinend Sorgen um meinen Papa, der ja auch sein Papa war. Zum Glück fanden wir sofort einen Platz, auf dem das Auto stehen konnte.

Wir sahen durch die geöffnete Tür in den Festsaal, wo Papa mutterseelenallein an einem der Tische saß, die Frau Scholz für uns zusammengeschoben hatte. Ich wollte aussteigen, bekam aber die Tür nicht auf. Berti musste erst aussteigen, um die Beifahrertür von außen aufmachen zu können. Er röchelte dabei wie eine verkalkte Kaffeemaschine. Er hörte erst auf, schwer zu atmen, als wir im Festsaal waren und Papa uns zuwinkte. Hier war es nicht so heiß wie auf dem Friedhof. Frau Scholz hatte die

Rollläden heruntergelassen und weit geöffnete Türen sorgten für Durchzug. Ich saß neben Berti und hielt mir die Nase zu. Es roch. Berti roch. Er roch nach seiner alten Lederjacke und nach viel zu viel gerauchten Zigaretten.
»Ich habe immer an dich gedacht«, sagte Berti plötzlich. Er hielt ein zerknittertes Foto in der Hand, auf dem ich mit Papa und Mama zu sehen war.
Papa nickte mir zu. Er saß uns gegenüber und trank einen Kaffee nach dem anderen. Nach dem Tod meiner Mutter hatte er kein Maß mehr. Er ließ oft den Kopf hängen und wirkte klein und hilflos. Wenn er saß, stand er bald auf. Wenn er ging, suchte er wieder einen Platz. Ihm fehlte jeder Plan. Papa verschlang gerade das dritte Stückchen Ananastorte, dabei mochte er gar keine Ananastorte.
»Hauptsache, es schmeckt«, sagte Frau Scholz, die Besitzerin des Gasthofes, goss meinem Vater noch einen Kaffee ein und füllte seinen Teller mit dem vierten Stückchen Ananastorte.
Inzwischen waren auch unser Priester, Herr Dinslaken, eine Abteilung der Feuerwehr und die anderen Trauernden eingetroffen, sie verteilten sich in dem viel zu großen Saal an den viel zu langen Tischen. Doktor Kapuze, Papas Hausarzt, kam auf uns zu und setzte sich direkt neben ihn, als müsste er auf ihn aufpassen. Obwohl nun fast alle, die an der Beerdigung teilgenommen hatten, gekommen waren, sah es immer noch so aus, als ob viele fehlen würden. Mein Halbbruder Berti saß neben mir und drehte sich eine Zigarette. Er zündete sie an und machte einen tiefen Zug.
»Ich habe fast mit dem Rauchen aufgehört«, sagte er und zog an seiner Zigarette.
Ich hustete übertrieben, als würde mich der Zigarettenqualm stören, und schaute meinem Vater nach, der wieder aufgestanden war und unruhig hin und her lief.
»Dafür, dass du fast mit dem Rauchen aufgehört hast«, sagte ich, qualmst du ganz schön herum.«

»Brumm, brumm, brumm«, sagte mein Halbbruder, als wäre er ein Bär und ich hätte auf seinen Bauch gedrückt.
Nach dem Kuchen gab es Schnittchen. Als würde Frau Scholz noch mit weiteren Gästen rechnen, stellte sie alle Tische, auch die, an denen keiner saß, mit Riesenbergen Schnittchen voll. Wir mussten uns ranhalten. Berti aß eine Wurstschnitte nach der anderen und sagte mit vollem Mund: »Ich bin eigentlich Vegetarier, aber das Zeug muss ja weg.«
Ich schüttelte den Kopf. Oh Mama, wie konntest du mich alleinlassen!
Plötzlich kam Frau Scholz in den Festsaal gestürzt und rief: »Herr Kleine? Wo sind Sie, Herr Kleine?« Hinter ihr stand Doktor Kapuze und schaute mich fragend an. Frau Scholz hatte ein Tablett mit dampfenden Klößen in der Hand, und alle wunderten sich, wer die noch essen sollte – bis wir schlagartig begriffen, dass mein Papa verschwunden war. Alles schaute plötzlich auf mich, als müsste ich es am besten wissen, wo mein Papa sich versteckt hatte. Aber ich bin die kleine Anne Kleine, ich weiß von nichts.

Aus dem Maikötter-Krimi »Weißer Sonntag«

12. Kapitel

Maikötter öffnete den letzten Briefumschlag und fiel aus allen Wolken. Ihm wurde schwarz vor Augen. Der Verrückte bestand auf einer Entschuldigung des Erzbischofs. Genauso gut hätte er die Umgestaltung des Hasenfensters fordern können. Es gibt Dinge, die kann man nicht ändern, den Regen in Ostwestfalen und das Schweigen der Kirche. Bis ein Erzbischof sich zu einem Missbrauchsfall äußerte, waren die Täter verschwunden und die Strafen verjährt. Er musste den Geiselnehmer täuschen. Ein guter Einfall konnte das Leben der Geiseln retten. Er musste ins Gemeindehaus kommen. Plötzlich hatte er eine Idee. Es war eine verrückte Idee, aber passte sie nicht genau zu diesem Fall? Er musste handeln und fuhr zur Driburger Straße. Dort in den Gebäuden der Bäckerei Ostermann hatte sich der Luise-Hensel-Fachmann und Wissenschaftler Dr. Lichtenfeld breitgemacht.

Der Wissenschaftler öffnete zögerlich die Tür und schob den Perlenvorhang beiseite. Er war nackt. Im Hintergrund säuselte esoterische Planschmusik. Irgendein Klangzauberer hatte die Quellen der Pader auf CD gebannt und gewinnbringend an die Träumer der Stadt verhökert. Es roch im ehemaligen Verkaufsraum der Bäckerei noch immer nach Brot, gemischt mit dem Duft von Räucherstäbchen. Maikötter stand auf Sand, der den gesamten Boden bedeckte. Zwischen den Fenstern hing ein Regal, in dem Bilder von Luise Hensel aufgestellt waren. Maikötter erinnerte sich an den Morgen, als sie dem wieder aufgetauchten Gedicht von Luise Hensel hinterhergejagt waren. Der Wissenschaftler schaute ihn nicht an, als verwirrte ihn seine Tracht.

»Ich habe den ganzen Tag versucht, Sie zu erreichen.«
»Entschuldigen Sie meine Blöße.« Maikötter stutzte. Das stimmte nicht. Er hing den ganzen Tag am Handy. Er hätte bemerkt, wenn ihn jemand versucht hätte zu erreichen.
»Was meinen Sie, was bei mir los ist.«
Maikötter sah sich um. Er hatte sich die Wohnung eines Wissenschaftlers anders vorgestellt. Es war viel zu warm. Die Heizung glühte, obwohl von draußen die Sonne in den Raum fiel. Der Sand gab keinen Halt, man bewegte sich, als hätte man ein schlechtes Gewissen, als balancierte man prallgefüllte Kaffeetassen durch das Zimmer. In der Mitte stand eine Skulptur von Luise Hensel, die als Garderobe benutzt wurde. Schlichte Korbmöbel waren in den Sand gedrückt worden. Wer sich dort hinsetzen musste, würde vorher einen Teil seines Gewichts entsorgen wollen. Es fehlte eine Lampe. Auf dem ehemaligen Verkaufstresen standen Kerzen. Die leeren Auslagen beherbergten nur eine schwarze dicke Fliege, die brummend einen Ausweg suchte. Auf den Glasregalen lagen noch Papiertüten in drei Größen. Schade, dachte Maikötter, dass Ostermann keine Brötchen mehr verkauft. Das Auftreten des Forschers passte zu der kargen Einrichtung. So nahm man sich zurück, wenn man nichts mehr brauchte.
»Entschuldigen Sie meine Blöße«, sagte er. »Ich lege alles ab, was mich belastet. Wir sind rein wie die Kinder.«
»Sind Sie Anhänger der Freikörperkultur?«, fragte Maikötter genervt, winkte aber sogleich wieder ab: »Oder sagen Sie's mir besser nicht.«
»Ich hoffe, Sie stören sich nicht an meiner Nacktheit«, sagte der Wissenschaftler. »Aber im Grunde ist es nicht wichtig, wie wir aussehen, oder?«
Maikötter wollte widersprechen. Manchmal kann es sehr wichtig sein, wie man aussieht. Dr. Lichtenfeld ließ ihn nicht zu Wort kommen.

»Ich habe versucht, Sie zu erreichen, weil ich nicht mehr sicher bin, ob die Geldübergabe korrekt über die Bühne ging.«

Maikötter erinnerte sich an das Luise-Hensel-Gedicht.

»Alles erscheint mir plötzlich so gestellt«, sagte Dr. Lichtenfeld. »Vielleicht wollen mich einige Kollegen vorführen.«

Maikötter nickte. Er hatte gleich das Gefühl gehabt, dass das Gedicht zu modern geklungen hatte. Natürlich war er kein Experte, aber er konnte sich auf sein Bauchgefühl verlassen.

»Was heißt denn das?«

»Es könnte eine Fälschung sein. Vielleicht kam mein Urteil zu schnell. Da hat mich jemand bei meiner Eitelkeit gepackt.«

Es roch süßlich. Maikötter kannte den Geruch. Haschisch stank so, als würde ein Lolli verkokeln. Nun entdeckte er auch die Wasserpfeife, deren Rauchschläuche wie Krakententakel über einem Glastisch hingen.

»Sie kiffen?«

»Sie nicht?«

Maikötter schaute zu dem kleinen Regal, wo er im untersten Fach einen Aktenkoffer entdeckte. Er kannte den Aktenkoffer.

»Luise Hensels Bildersprache kam mir gleich zu abgehoben vor.«

Der Privatdetektiv schüttelte den Kopf. So war das nicht gewesen. Der Wissenschaftler hatte alle Bedenken beiseitegeschoben. Er wollte das Geld schnell aus dem Fenster werfen. 100.000 Euro für eine Fälschung verschwenden, auch wenn es das Geld der Universität Paderborn war, musste heftig an seinem Ego kratzen.

»Wissen Sie, mir hätte auffallen können, dass die Inbrunst ihrer früheren Gedichte nicht griff.«

Maikötter stellte die Wasserpfeife auf den Boden, schob eine Reisetasche auf den Glastisch und öffnete sie. Er

musste seinen Plan ausführen. Die Geiseln waren immer noch in der Hand des Kinderfotografen. Er hatte in einer Blitzaktion den Fundus der Heimatbühne geplündert. Zum Glück lag in Paderborn alles um die Ecke. Lange Wege kannte man hier nur, weil die Ampeln so eingebildet ihre Rotphasen genossen. Er wollte sich die Ähnlichkeit des Wissenschaftlers mit dem Erzbischof zu Nutze machen. Das war sein Plan. Er hatte gerade einen schwarzen Anzug mit weißem Hemd, einen violetten Pileolus und eine Mitra ausgebreitet, als sein Handy sich meldete. Es war Deckel. Er röchelte, als biss er die Zähne zusammen.
»Was ist los?«, fragte Maikötter sofort.
»Ein Schuss hat sich gelöst«, flüsterte Deckel.
Maikötter stockte der Atem.
»Bist du verletzt?«
Plötzlich war Herr Bimnowski am Apparat, als hätte er Deckel das iPhone weggerissen.
»Das ist hier kein Kindergeburtstag. Nehmen Sie Ihre Arbeit ernst.«
Maikötter schluckte. Er musste seinen Zorn herunterwürgen.
»Was glauben Sie, wo ich gerade bin?«
Herr Bimnowski traute seinen Wünschen nicht: »Sie sind beim ... Erzbischof?«
Maikötter war es gewohnt zu bluffen. Die Lüge war ein verlässlicher Partner, wenn sie wie Wahrheit behandelt wurde. Er setzte sich in einen der unbequemen Korbsessel. Nun wusste er auch, warum Dr. Lichtenfeld rote Striemen auf dem Rücken hatte. Der Wissenschaftler hockte im Schneidersitz vor seiner Wasserpfeife und ließ sie blubbern.
»Natürlich bin ich beim Erzbischof. Braucht Deckel Hilfe?« Herr Bimnowski strahlte.
»Sie sind beim Erzbischof? Großartig. Keine Sorge. Es war nur ein Streifschuss. Die Wunde ist versorgt. Frau Nelken war bei den Pfadfindern. Sie kennt sich ein wenig mit Erster Hilfe aus.«

Maikötter spürte, wie die Wut von ihm Besitz ergriff. Er hätte in den Glastisch treten können.

»Hören Sie zu, Sie Psychopath. Wenn Herrn Deckel, Frau Nelken oder dem Priester etwas passiert, sind Sie ein toter Mann.«

Dr. Lichtenfeld hatte sich die Mitra aufgesetzt und grinste wie ein Bofrost-Neukundenwerber. Er hatte Spaß am Verkleiden gefunden. Ihm fehlten aber die Würde und der Glauben eines Erzbischofs. Noch ahnte er nichts von seiner Rolle in dem Spiel. Maikötter schüttelte den Kopf und zeigte auf das Scheitelkäppchen, den Pileolus. Unbeirrt wechselte der Wissenschaftler die Kopfbedeckung.

»Ich bin kein Psycho«, maulte Herr Bimnowski. »Ich weiß genau, was ich tue.«

»Den Eindruck habe ich nicht«, sagte Maikötter. »Wissen Sie was? Ich werde zu Ihnen kommen. Wir regeln alles von Angesicht zu Angesicht.«

Herr Bimnowski schwieg. Er überlegte. Die Männer der Kirche hatten ihn schon oft betrogen.

»Und was ist mit dem Erzbischof?«

Maikötter schaute auf Dr. Lichtenfeld. Die Ähnlichkeit mit dem Erzbischof war selbst dann noch erstaunlich, wenn er an seiner Wasserpfeife nuckelte. Sie mussten nur an seiner Haltung arbeiten. Vielleicht war auch noch Zeit, ihm die Koteletten zu stutzen. Immerhin hatte er schon das violette Käppchen aufgesetzt und musterte den schwarzen Anzug, bis ein Hustenanfall ihn überraschte. Plötzlich stand Dr. Lichtenfeld auf und bewegte die Arme, als wollte er fliegen.

»Ich bin ein Dompfaff«, flüsterte der Wissenschaftler.

Maikötter zweifelte zum ersten Mal an seinem Plan, aber hatte er eine Wahl?

»Wir kommen bei Ihnen vorbei«, sprach er in das Handy.

»Was heißt denn hier *wir*?«, fragte Herr Bimnowski.

Maikötter starrte wieder auf Dr. Lichtenfeld, der einen kleinen Hüpftanz aufführte, als er in die schwarze Hose stieg.

»Der Erzbischof wird mich begleiten«, sagte Maikötter.

»Er wird sich persönlich bei Ihnen entschuldigen.«
»Das glaube ich nicht«, murmelte Herr Bimnowski.
Ich glaube das auch nicht, dachte Maikötter, aber er legte nach einem »Machen Sie bis dahin keinen Scheiß« auf.
Ein kleiner Hund kam aus der ehemaligen Backstube gewedelt und japste nach Aufmerksamkeit.
»Der hat uns noch gefehlt«, murmelte Maikötter.
»Luise, Luise«, frohlockte der Wissenschaftler.
Maikötter streckte sich und sammelte seine Kräfte. Er hatte nicht viel Zeit. Der Geiselnehmer musste ruhiggestellt werden. Bimnowski hatte Blut geleckt. Nun konnte er gefährlich werden. Die dunklen Seiten hatten Besitz von ihm ergriffen.
»Ich brauche Sie«, sagte Maikötter zum Wissenschaftler.
»Wenn Sie Probleme haben, dann betrachten Sie sie schon als gelöst«, flüsterte Dr. Lichtenfeld und kicherte. Der Mann war *high* wie ein Schützenkönig.
Maikötter schaute auf den verkleideten Mann, der konzentriert an der Wasserpfeife zog und gleichzeitig den Hund kraulte. Die Sonne beleuchtete den Raum.
»Ist Ihnen eigentlich bewusst, dass Sie aussehen wie unser Erzbischof?«
»Was? Ich sehe aus wie unser Erzbischof? Sie meinen den Erzbischof von Paderborn?«
»Vielleicht schauen Sie sich mal im Spiegel an. In dem schwarzen Anzug, dem weißen Hemd und dem Pileolus sehen Sie ihm zum Verwechseln ähnlich.«
»Könnte es nicht auch umgekehrt sein?«
»Wie meinen Sie das?«
Dr. Lichtenfeld kicherte.
»Könnte es nicht sein, dass der Erzbischof mir zum Verwechseln ähnlichsieht.«
Maikötter seufzte. Das würde schwierig werden.
»Hören Sie«, sagte er. »In der Dionysiuskirche läuft ein Psycho herum, der wild um sich schießen will und darauf wartet, dass man ihn stoppt.«

Als wollte Dr. Lichtenfeld diese Geschichte von Gewalt und Tod nicht hören, fing er an zu summen. Je lauter Maikötter sprach, desto deutlicher übertönte er ihn durch sein Summen.

»Sie brauchen nur dem Mann zu sagen, dass Ihnen alles wahnsinnig leidtut, dann können sie sich wieder verdrücken. Das ist ungefährlich. Wir müssen ihre Ähnlichkeit mit dem Erzbischof ausnützen, um das Leben von Menschen zu retten. Helfen Sie mir.«

Der bekiffte Wissenschaftler hielt sich den Hund vor das Gesicht und ließ sich von ihm das Gesicht ablecken. Maikötter kam nicht an den Wissenschaftler heran. Er musste ihn zwingen, ihm den Erzbischof zu machen. Plötzlich hielt er inne. Wie dumm er gewesen war. Er kannte den Hund. Das war die kleine Töle, die bei der Geldübergabe dabei war. Hatte Dr. Lichtenfeld alle an der Nase herumgeführt?

»Darf ich um Ihre Aufmerksamkeit bitten?«

Dr. Lichtenfeld schien die Anwesenheit des Detektivs völlig verdrängt zu haben. Er tanzte und sang:

»Gottes Stimmen werden strafen,
ohne einen Phonographen.
Unsre Schuld und Sündenpein,
holt uns mal als Reue ein ...«

So lautete der Text von Luise Hensel, für den die Universität ein kleines Vermögen bezahlt hatte. Dr. Lichtenfeld lachte. Der Rausch hatte ihn im Griff.

Maikötter überlegte, wie er den Wissenschaftler wieder ins Hier und Jetzt befördern konnte. Nun wusste er wieder, was ihm in die Augen gesprungen war. Der Aktenkoffer. Der falsche Priester murmelte das Phonographen-Gedicht vor sich hin. War nicht dessen Erfindung bei *Wer wird Millionär* als Frage gestellt worden? Maikötter stellte sich vor den Wissenschaftler.

»Okay«, sagte er. »So wie ich es sehe, stecken Sie in Schwierigkeiten. Wenn Luise Hensel 1876 gestorben ist,

dann kann im Gedicht kein *Phonograph* vorkommen.«
Dr. Lichtenfeld war auf einmal hellhörig. Das interessierte ihn.
»Der Phonograph ist ein Gerät zur Aufnahme und Wiedergabe von Schall. Edison stellte diese Sprechmaschine erst 1877, also ein Jahr nach Hensels Tod, vor.«
Der Wissenschaftler nickte, als leuchtete ihm dieser Gedanke ein. Er riss dabei die Augen auf und verzog seinen Mund zu einem verschmitzten Lächeln. Maikötter schaute sich um. Der Aktenkoffer auf dem Regal musste voller Geld sein. In ihm waren die 100.000 Euro verstaut gewesen.
»Alle Achtung«, murmelte Dr. Lichtenfeld. »Dass Sie einen Phonographen kennen, erstaunt mich.«
»Ich weiß sogar, dass Sie in großen Schwierigkeiten stecken. Warum haben Sie das gemacht? Wollten Sie alle von ihrer Genialität überzeugen?«
Der Wissenschaftler ließ den kleinen Hund herunter, der gleich anfing, im Sand ein Loch zu buddeln. Der Wissenschaftler rückte sich das Scheitelkäppchen zurecht. Er hob die Hand und begann wahllos Kreuzzeichen zu verteilen.
»Ich hatte Geldschwierigkeiten«, kicherte er.
»Wie bitte?«, sagte Maikötter. »Sprechen Sie deutlicher. Ich kann Sie nicht verstehen.«
Der Luise-Hensel-Forscher räusperte sich.
»Schauen Sie sich doch um. Der Sand auf dem Boden ist ein Teppichersatz. Ich bin pleite.«
»Ich habe ihren Hund erkannt.«
»Er ist einfach zu süß.«
Maikötter dachte sich schon so etwas. In der Wohnung eines Wissenschaftlers hätte er mehr Bücher und anderes Forschungsmaterial erwartet. Wahrscheinlich war der Hund auch schon verpfändet und musste in der Woche als Drogenschnüffler aushelfen.
Der Wissenschaftler knöpfte sich die schwarze Anzugjacke zu. Teilnahmslos ließ er geschehen, dass Maikötter den

Aktenkoffer vom Regal hob. Er war nicht verschlossen. Unberührt lagen die Geldbündel vor ihm.

»Ich wollte mit einem Knall meine wissenschaftliche Karriere beenden. Der perfekte Betrug. Eine literarische Sensation, der alle auf den Leim gehen sollten. Mein Luise-Hensel-Gedicht sollte mich unsterblich und reich machen.«

»Mussten Sie unbedingt den *Phonographen* ins Spiel bringen?«

»Ich gebe zu, das war ein wenig dick aufgetragen. Ich würde gerne das Ganze ungeschehen machen. Ach, gäb' es doch einen Weg zurück.«

Maikötter schüttelte den Kopf. Wenn er schon als Laie den Betrug durchschauen konnte, dann würde das den Experten an der Universität Paderborn auch auffallen. Immerhin hatten sie weltweit einen anerkannt guten Ruf.

»Und warum haben Sie Ihren kleinen Hund mit zur Geldübergabe genommen?«

»H H Hartmut, mein wissenschaftlicher Assistent, hat ihn mitgenommen. Luise kann doch nicht allein bleiben. Verraten Sie mich bitte nicht. Ich werde die 100.000 Euro zurückzahlen.«

»Ich wüsste etwas, womit Sie mein Schweigen erlangen könnten.«

Maikötter löste seinen Kollar und drückte ihn unter den Kragen des weißen Hemds seines neuen Glaubensbruders.

»Unglaublich«, sagte Maikötter.

»Was ist unglaublich?«, fragte Dr. Lichtenfeld. Er verdrehte die Augen und hob beide Arme, als wollte er predigen.

»Exzellenz, Sie sehen genauso aus wie unser Erzbischof. Jetzt müssten Sie nur noch verschmitzt lachen können, dann wäre die Verwandlung perfekt.«

Dr. Lichtenfeld lachte mehrmals auf. Es war nicht einfach, den richtigen Würdenträger-Ton zu treffen. Der Erzbischof hatte ein unschuldiges Lachen, strahlte aber trotzdem Autorität aus. Ein Balanceakt, der glaubwürdig herüberkommen musste. Dr. Lichtenfeld übte. Zum Glück kam ihm sein Rausch zur Hilfe. Er konnte sein übertriebenes Glucksen in den Griff bekommen, wenn er es mit einem schnellen Gedanken an Eugen Drewermann wieder abstürzen ließ.

»Perfekt«, sagte Maikötter ungeduldig. »Kommen Sie. Alles andere erkläre ich Ihnen unterwegs.«

Dr. Lichtenfeld blieb stehen.

»Weswegen wollte ich Ihnen nochmal helfen?«

»Weil ich Sie sonst der Polizei übergeben werde. Das, was Sie gemacht haben, nennt man Betrug.«

»Noch hat niemand das Gedicht gesehen. Die Uni kriegt ihr Geld zurück. Versprochen.«

Maikötter hielt sich die Ohren zu und fing laut an zu summen.

»Ich will von Ihren weiteren Machenschaften nichts wissen. Was Sie nun tun, liegt ganz bei Ihnen.«

Dr. Lichtenfeld lachte erzbischöflich verschmitzt. So konnte man ihm nicht böse sein. Der Privatdetektiv checkte die Nachrichten auf seinem Handy. Zum Glück waren keine neuen Katastrophen eingetreten. Nun mussten sie sich beeilen und das Geiseldrama beenden. Sie standen schon im Flur, als Dr. Lichtenfeld noch einmal zurücklief. Er hatte den kleinen Hund vergessen. Stolz ließ er sich wieder von der kleinen Töle das Gesicht ablecken und streckte ihn Maikötter entgegen.

»Wollen Sie auch mal?«

»Lassen Sie uns endlich fahren«, sagte Maikötter. »So langsam gehen Sie mir auf die Nerven.«

Dr. Lichtenfeld holte tief Luft. Er war es nicht gewohnt, Unmut zu erzeugen.

»Noch ein Wort und ich exkommuniziere Sie.«

Maikötter musste lachen.

»Sie sind ja richtig lustig.«

Der falsche Erzbischof warf seinen Hund in die Luft und fing ihn wieder auf.
»Sie sollten mich mal hören, wenn ich nicht gekifft habe.«

Erwin Grosche nach einem Zahnarztbesuch

Aus »Kurze Strecken gehen Vögel auch zu Fuß«

Schicksalsschläge
Treu sein können, aber keinen Partner haben, dem man das beweisen kann.

*

Kondome
Dass Kondome ein Haltbarkeitsdatum haben, empfinde ich als unerträglichen Leistungsdruck. Ich kaufte mir mal eine 50er Packung Kondome, die waren nur noch zwei Tage verwendbar. Ein Angebot, das mich hätte stutzig machen sollen. Sie können sich vorstellen, was das für zwei Tage waren – und das in Paderborn. Bei aller Liebe.

*

Beim Friseur
»Auf Fotos sehe ich immer so unvorteilhaft aus«, sagte das Monster zu seinem Friseur.

*

Leute, die immer helfen wollen
Leute, die immer helfen wollen, können sehr lästig sein. Da kann man nicht mal was fallen lassen, ohne dass sich einer bückt. Sofort muss man sich mitbücken und nachher tausendmal »Danke, danke« sagen und dann stößt man aneinander, verliebt sich wahrscheinlich, heiratet und hat danach den ganzen Schlamassel. Ich hatte einen Bekannten, der wischte fremden Leuten immer Schuppen von den Schultern. Ich habe ihm oft gesagt, dass es Wichtigeres gibt als Schuppen auf den Schultern. Zum Beispiel Zahnstein. Mein Bekannter hat zum Beispiel sehr starke

Zahnsteinablagerungen, die mal abgesaugt werden müssten, aber darum kümmert sich niemand. Einmal half mir ein Mann über die Straße auf die andere Seite. Da wollte ich gar nicht hin. Nun hätte ich Hilfe gebraucht, aber dort drängte sich dann niemand auf. Wie gesagt, Leute, die immer helfen wollen, können ganz schön lästig sein. Meine Tante Gerda meint zu Weihnachten immer, die alten Anzüge ihres verstorbenen Mannes verschenken zu müssen. Sie geht dann wirklich in No-Go-Areas, und spricht dort mit Glatzköpfen in Springerstiefeln und dreht ihnen die alten Klamotten ihres Mannes an. Ich stelle mir gerade einen Naziaufmarsch vor und alle haben die Anzüge meines Onkels an und sehen aus wie du und ich. Ich dachte nur, wenn nicht Weihnachten wäre, diese Typen hätten ihr doch das unmodische Zeug links und rechts um die Ohren geschlagen, zumal meine Tante Gerda aus Ghana kommt.

Für C.H.

*

Verwandlungen
Günter heißt im Winter
Walter

*

Unsterblichkeit
Der Wunsch nach Unsterblichkeit lässt im Alter nach.

*

Ablenkungen
Manche scheuen sich, eine Abkürzung durch die Natur zu gehen;
sie haben Angst, sie würden dort langsamer.
Ich frag auch nicht gern eine schöne Frau nach der Uhrzeit;
sie lenkt dabei so ab.

*

Der Hintergrund
Was passiert im Hintergrund? Der Hintergrund muss frei bleiben. Es gibt Menschen, die sich gerne im Hintergrund aufhalten. Leider gibt es immer weniger Hintergrund und alles wird nach vorne und ins Licht gezerrt. Ich frage sehr oft: »Was passiert im Hintergrund? Sitzen dort Leute und gucken? Läuft dort ein Fernsehgerät? Sind dort die Küche und die Räume für die Erfrischungsmöglichkeiten?« Wenn ich irgendwohin komme und dort gibt es keinen Hintergrund, bin ich gleich wieder weg. Zum Glück befinden sich auch die Fluchtwege im Hintergrund, da muss man nicht vor aller Augen durch den Haupteingang fliehen. Wie peinlich.

*

Vorne und hinten
Er entdeckte kurz vor der Operation, dass er sein »Vorne-Hinten«-T-Shirt falschrum angezogen hatte. Er hoffte, dass sich die Ärzte nicht von dieser Gedankenlosigkeit ablenken lassen würden.

*

Das Monster

Das Monster erhob sich von seinem Stuhl und schrie: »Meine äußere Erscheinung drückt nicht aus, was mich im Innersten bewegt.«
Alle schauten sich an und wussten nicht, was sie sagen sollten.

*

Bäckerei Goeken

Der Mann wollte eigentlich nur eine Schinken-Käsestange kaufen, aber er bestellte stattdessen eine, ich schwöre es, »Stinken-Käseschlange«. Natürlich haben wir alle so getan, als ob wir seinen Versprecher nicht bemerkt hätten. Ich habe ihn nur umarmt und die Verkäuferin hat vor Freude geweint.

*

Knäckebrot

Ich habe mal auf einem Knäckebrot die Reste einer Leberwurst verstrichen. Danach war die Hälfte noch aufstrichfrei und wartete auf eine zündende Idee. Da entdeckte ich im Kühlschrank den vegetarischen Brotaufstrich meiner Frau und dachte, warum nicht? Was hatte ich schon zu verlieren? Ich probierte es aus und bestrich den freien Teil des Knäckebrots mit der vegetarischen Paste. Nun war die eine Hälfte des Knäckebrots mit der richtigen Leberwurst beschmiert und während die andere Seite die vegetarische Paste ertragen musste. Ich musste nur gleich an das Schicksal unseres Landes denken, welches ja auch mal aufgeteilt war in BRD und DDR. Ich konnte dabei noch nicht mal konkret sagen, welchen Aufstrich ich welcher Regierungsform zuordnen würde. Klar war nur: Die Streichleberwurst hatte bestimmt noch nie was in ihrem Leben mit einer vegetarischen Leberwurst zu tun gehabt.

Die beiden Brotaufstriche standen ja in verschiedenen Lagern. Sie sind Ergebnisse von anderen Lebensmodellen. Man grenzt sich damit ab. Der eine will genossen werden, man soll sich damit stärken. Der andere will die Umwelt schonen, man will Verantwortung zeigen. Nun lagen sie zusammen auf einem Knäckebrot. Konnte das gut gehen? Ich probierte es aus. Ich biss also in den Einschnitt, also dort, wo sich echte Leberwurst und vegetarische Paste berührten, und ...was soll ich sagen ... es hat geschmeckt. Da entstand etwas Neues. Die beiden Brotaufstriche waren nicht nur eine Zweckgemeinschaft. Sie ergänzten sich. Sie ließen sich aufeinander ein. Ich wusste auf einmal, dass Zusammenleben möglich ist. Dass Menschen mit anderen Ansichten zusammenleben können. Ich spürte, dass Unterschiede überbrückt werden können, wenn man sich berühren lässt. Man muss sich berühren lassen. Natürlich ist es hilfreich, wenn es dabei eine gemeinsame Grundlage gibt, die in diesem Fall das Knäckebrot gewesen war.

*

Padermann und die Bestimmung des Menschen

Padermann ging in das Geschäft und fragte den Inhaber, ob dieser ihm die Haare schneiden könne. Leider weigerte sich der Mann, diesen Wunsch zu erfüllen. Er druckste herum und kam mit sonderbaren Entschuldigungen um die Ecke. Natürlich lag dies auch daran, daß der Mann ein Versicherungsbüro hatte und sich nicht für einen Friseur hielt, aber Padermann sieht in die Menschen hinein und weiß von ihren eigentlichen Bestimmungen.

*

Der Tag beginnt
Also ich putze mir jetzt immer morgens die Zähne mit Elmex und abends mit Aronal. Der Tag fängt doch gleich ganz anders an, wenn man was riskiert hat.

*

Das Stehen zwischen Menschen
Das Stehen zwischen Menschen muss geübt werden. Die Zeiten sind vorbei, wo man alleine herumstehen durfte. Ich stehe nicht gerne zwischen Menschen, die plötzlich anfangen zu singen. Ich tu dann oft, als wäre ich Dirigent und fuchtele mit meinen Armen herum. Einmal stand ich unter Menschen, die sich plötzlich anfingen auszuziehen. Zum Glück waren wir vorher nach Geschlechtern getrennt worden und ich konnte eine Verfügung vorweisen, die mich für immer vom Sportunterricht befreite. Ich stand mal unter Menschen, die alle rauchten und mich zum Glück nicht sahen. Ich stand mal unter Menschen, die alle froren und ganz neidisch auf meinen Pelzmantel waren.

*

Das Versprechen
»Schatz, wir bleiben so lange
zusammen,
bis wir uns lieben.«

*

Haiku für Tassen, Vasen, Schüsseln und andere keramische Kleinserien I
Gewinnst du das Herz
einer Töpferin, gehört
dir auch ihr Geschirr.

Für C.S., als sie noch Keramikerin war

Aus »Wie ich mit Gott eine Matratze kaufte«

Vom Klettern auf Bäume

Es war im August, als ich Gott kennenlernte. Ich hatte im REWE einen Zettel aufgehängt: »Gott und die Welt – Lass uns darüber sprechen« und daran zwölf kleine Abreißzettel mit meiner Telefonnummer getackert. Ich stand gerade vor meiner Kaffeemaschine und sah zu, wie der Kaffee durchlief, als mein Handy klingelte. Natürlich klingelte es nicht, sondern der »Walkürenritt« von Richard Wagner schreckte mich aus meinen Gedanken. Fast ein wenig ungehalten meldete ich mich mit einem knappen »Ja?«.

»Bin ich da richtig? Ich habe Ihren Aushang gelesen.«

»Sie meinen ›Gott und die Welt‹?«

Am anderen Ende war es so lange still, dass ich mir den inzwischen durchgelaufenen Kaffee in die Tasse schütten konnte.

»Ja«, sagte die sanfte Stimme, »›Gott und die Welt‹. Ist das noch aktuell?«

Ich nahm einen Schluck Kaffee und schaute auf die Zeitung. Im August schienen sich alle zu langweilen. Die »Saure-Gurken-Zeit« drängelte sich in den Lokalteil. »Kinder klettern nicht mehr auf Bäume«, murmelte ich.

»Was meinen Sie?«, fragte die Stimme.

Ich versuchte, ein Gähnen zu unterdrücken, welches mir nur halbwegs gelang.

»Entschuldigen Sie«, sagte ich. »Ich bin noch nicht ganz wach.«

»Warum sind sie noch nicht wach?«

Ich wollte nicht von meinen Schlafstörungen erzählen.

»Ich habe nur in der Zeitung gelesen, dass Kinder nicht mehr auf Bäume klettern.«

Es trat wieder dieses sonderbare Schweigen ein, als hätte ich etwas Wichtiges gesagt, über das man erst nachdenken musste.
»Kinder klettern nicht mehr auf Bäume«, wiederholte die Stimme. »Vielleicht wissen sie nicht, dass man so zum Himmel kommt.«
Ich lachte. Ich war nicht überrascht, dass mein Aushang besonders die komischen Vögel anlocken würde. Ich hatte gestern von einer Frau geträumt, die in viel zu großen Schuhen durch die Stadt stöckelte. Heute sah ich einen Mann in einem Restaurant, der so lange daran glaubte, dass kein Salz aus dem Salzstreuer kam, bis seine Suppe versalzen war. Alle waren auf dem Weg zu mir.
»Die Anfrage ist noch aktuell«, sagte ich. »Ich suche einen Gesprächskreis, in dem man ungezwungen über Gott und die Welt reden kann.«
»Ich bin dabei.«
»Das ist schon mal ein Anfang«, sagte ich. »In Wahrheit sind Sie bisher der Einzige, der sich gemeldet hat. Sonst hat noch niemand sein Interesse bekundet.«
Bevor der Anrufer den nächsten Satz aussprechen konnte, ahnte ich schon, dass er ihn sagen würde.
»Vielleicht wissen sie nicht, dass man so zum Himmel kommt.«
Ich war als Kind gerne auf Bäume geklettert. Es reizte mich, immer einen Schritt weiterzugehen, als ich mich eigentlich traute. Komischerweise hatte ich mehr Angst, wieder den Baum herunterzuklettern. Warum konnte man nur mit Mut den Himmel erreichen, und warum durfte man dort nicht bleiben?
»Die Kinder haben heutzutage Angst, dass ihnen beim Bäumeklettern das Smartphone aus der Tasche fällt«, sagte ich.
Hinter mir lachte jemand. Meine Mitbewohnerin Bärbel saß in der Küche und spielte mit ihren Katzen. Ich hatte sie gar nicht bemerkt. Sie musste die Nacht auf dem Sofa

verbracht haben. Ich ignorierte sie einfach, was manchmal das Beste war, wenn man keine schlechte Laune bekommen wollte.

»Ich glaube nicht«, entgegnete die Stimme am Handy. »Wir brauchen nur mehr Vertrauen.«

Ich schaute auf die Küchenuhr. Es war noch keine 8.00 Uhr. Kein Wunder, dass ich so lange brauchte, bis unser Gespräch zu mir durchdrang. Wer rief denn so früh an?

»Dann bleibt es dabei?«, fragte ich ungeduldig.

»Ich freue mich«, sagte die Stimme. »Lassen Sie uns über Gott und die Welt reden. Vielleicht erfahre ich dadurch mehr über mich.«

Ich blickte aus dem Fenster. Die Sonne schien. Nach dem Regen in der Nacht glänzten Baum, Strauch und Wiese.

»Am besten treffen wir uns im Domcafé«, sagte ich. »Morgen habe ich Zeit. 15.00 Uhr ist Kaffeezeit, da kann man sich gut unterhalten und Kuchen essen.«

»Mir soll es recht sein. 15.00 Uhr passt gut.«

»Wie erkenne ich Sie?«, fragte ich und kam mir vor wie in einem Agentenfilm.

»Sie werden mich schon erkennen.«

Wollte er singend das Café betreten? Hockte dann ein Hase auf seiner Schulter? Trug er eine Schützenuniform? Ich war skeptisch. Was wusste ich schon über meinen Gesprächspartner. Ich hatte nichts in der Hand. Hinter mir stand Bärbel auf und trug ihre beiden Katzen aus der Küche, als wäre das, was nun beredet wurde, nicht für Katzenohren bestimmt. Ich räusperte mich.

»Wenn ich Sie noch nach Ihrem Namen fragen dürfte?«

»Gott«, sagte die Stimme.

»Gott?«, wiederholte ich, als hätte ich ihn nicht verstanden. »Gott wie Gott?«

»Genau«, hörte ich. »Gott wie Gott. Ganz einfach.«

Ich war sprachlos. Da wollte mich doch jemand auf den Arm nehmen? Ich schüttelte den Kopf und vergaß, was ich fragen wollte.

»Sie wollen mich doch kennenlernen«, sagte die Stimme. »Sie bekommen Infos aus erster Hand. Lassen Sie uns über Gott und die Welt reden.«

Ich nickte. So begannen meine Geschichten mit Gott.

Der erste Eindruck

Ich saß im Domcafe und war gespannt, ob ich Gott erkennen würde. Umgab ihn ein Heiligenschein? Natürlich kannte ich all die Darstellungen, mit denen sich Menschen ein Bild von ihm machten. Man kam einfach nicht an Gott vorbei. Dachte ich nicht sogar beim Aufgehen der Sonne an ihn? Spürte ich nicht seine Gegenwart, wenn das Licht sich durch die Bäume brach? Sah ich nicht sein Bild vor mir, wenn ich einsam war und voller Furcht? Was sollte ich nur machen, wenn mir Gott nicht sympathisch war? Wie würde ich reagieren, wenn Gott so aussah wie mein Nachbar, Herr Möllmann?

Ich schaute auf die Uhr. Gott war zu spät. Was war denn das? Sollte die Welt ursprünglich in fünf Tagen erschaffen werden? Unpünktlichkeit konnte ich nicht ertragen. Auf einen ersten guten Eindruck schien Gott nicht viel Wert zu legen. Ich fragte mich sofort, ob ich ihm das richtige Café genannt hatte. Vielleicht saß Gott im Cafe Röhren und wartete dort, am Fenster sitzend, auf mich. Ich schaute mich um. War Gott schon hier und ich hatte ihn nur noch nicht erkannt?

Das Domcafé war wie immer gut gefüllt. Sogar im hinteren, abgetrennten Teil saß eine Reisegruppe und wollte es sich bei Kaffee und Kuchen gemütlich machen. Die Geräuschkulisse klang aufgeregt und übermütig, so überbrückte man die Zeit, bis endlich der Kuchen kam. Ein Verliebter mit Blumen kam herein und setzte sich zu der Frau, die direkt neben der Kuchentheke saß. Sie küssten sich. Theoretisch konnten alle Gott sein, außer vielleicht dem Mann, der gerade seinen Kaffee anmahnte. Ich hoffte, dass Gott mit der Welt ein wenig geduldiger war. Einen Tisch weiter saß Herr Zielitz, der immer dort saß und von dem man nicht wusste, was er machte, außer dass er immer in diesem Café saß und Zeitung las. Er hatte früher mal Zigarren geraucht. Das fehlte mir. Es sollte Ausnahmen geben. Meinetwegen sollten alle in diesem Café das Rauchverbot einhalten müssen, aber nicht Herr Zielitz. Er sah ohne seine Zigarre gar nicht wie Herr Zielitz aus. Wir nickten uns zu. Ich stellte mir gerade vor, dass ich in einem großen Kaufhaus unterwegs wäre und auf Gott warten müsste, dann könnte ich ihn ausrufen lassen. »Gott, bitte an der Information melden!«

»Entschuldigen Sie meine Verspätung«, sagte plötzlich eine Stimme. »Ich wurde aufgehalten.«

Ich blickte auf. Vor mir stand Gott. Gott, trug einen Trainingsanzug und lachte mich an. So sah Gott aus. Ich erkannte mich in ihm wieder. Wie hatte ich nur zweifeln können. Alles war so einfach. Gott kam durch die Tür eines Cafés und ließ alle Wunder aus, außer dass er lächelte. Er setzte sich zu mir und reichte mir die Hand. »Gott«, stellte sich Gott vor. »Ich weiß«, sagte ich und wunderte mich, dass ich mich nicht unter dem Tisch verstecken wollte.

»Der erste Eindruck kann sehr wichtig sein«, sagte ich. »Ich hoffe, ich habe Sie nicht enttäuscht.«

Gott griff nach der Speisekarte und blätterte darin.

»Ich hatte mal eine Freundin, da war der erste Eindruck nicht so gut«, sagte ich. »Und trotzdem waren wir drei Jahre zusammen. Das geht auch, aber es war halt nicht so schön. Außer wenn man Ärger mag.«

Was redete ich denn da? So banales Zeug interessierte Gott sicher gar nicht.

»Kennen Sie das Tages-Du?«, fragte Gott plötzlich. »Man erzählte mir, dass Golfspieler es nutzen. Man duzt sich an dem Tag, wo man miteinander Golf spielt, und ansonsten bleibt man beim ›Sie‹.«

Schlug mir Gott gerade vor, dass wir uns duzten? Natürlich duzte ich Gott, wenn ich zu ihm betete, aber wenn er einem so leibhaftig gegenübersaß, war die Annäherung doch etwas gewagter.
»Meine Mutter«, stammelte ich, »fährt sogar mit ihrem Auto, bevor sie es in die Werkstatt bringt, durch die Waschstraße, damit die sensiblen Jungs beim Reifenaufziehen einen guten Eindruck von dem Auto kriegen. Ist das nicht rührend?«
Gott ließ mich reden.
»Ich habe dann zu ihr gesagt: Das ist genauso, als wenn man eine wichtige Operation vor sich hat und geht vorher noch mal zum Friseur.«
»Und dann sagt der Arzt, dass der Gesundheitszustand leider bedenklich ist, aber der Friseur sei klasse«, schloss Gott meinen Monolog ab.
Ich lachte erleichtert. Gott hatte Humor, nun verstand ich einiges auf der Erde besser.
»Ich heiße Gregor«, sagte ich und gab Gott die Hand.
»Gott«, sagte Gott. »Nenn mich einfach Gott.«
Ich konnte es kaum glauben. Ich befand mich im Tages-Du mit Gott. Welch ein Fortschritt. Mein erster Eindruck muss gut gewesen sein.
»Woher haben Sie denn ...«, ich verbesserte mich. »Ich meine natürlich: Woher hast du denn diesen Trainingsanzug?«
Gott zeigte mir stolz die Streifen auf Hose und Jacke.
»Ich erinnere mich gerade daran, was die Menschen für einen ersten Eindruck hinterlassen, wenn sie auf die Welt kommen«, sagte Gott.
Ich nickte zustimmend, ohne genau zu wissen, auf was Gott hinauswollte.
»Wir sehen so zerknittert aus. Wir weinen, sind hungrig, können alleine keinen Schritt machen«, sagte ich.
Die Bedienung stand an unserem Tisch: »Kann ich Ihnen behilflich sein?«

»Ja«, sagte ich. »Bringen sie mir und … meinem Gast einen Kaffee? Danke.«
»So ist es«, nahm Gott den Faden wieder auf. »Die Babys brauchen jemanden, der ihnen hilft, auf die Beine zu kommen. Alleine könnten sie das Leben nicht meistern.«
Ich putzte mir die Nase.
»Und wie komisch wir aussehen. Manche Babys haben gar keine Haare, andere sehen aus wie Hippies. Wie klein, zart und hilflos wir sind.«
Gott nickte.
»Und trotzdem werden wir geliebt«, sagte Gott. »Und weißt du, warum?«
Ich dachte nach.
»Weil wir Verwandtschaft sind?«
»Ja, wir sind alle miteinander verwandt.«
Gott nickte.
»Wir helfen allen, die in Not sind«, sagte Gott. »Wir rücken zusammen, wenn jemand Platz braucht. Wir geben ab, wenn jemand nichts hat.«
Ich trank einen Schluck von meinem Kaffee.
»Wir helfen, weil wir alle miteinander verwandt sind«, fasste ich zusammen. »In dieser Stadt sind auf jeden Fall alle miteinander verwandt.«
Gott stand auf und umarmte mich. Ich ließ es geschehen, obwohl es mir ein wenig peinlich war.
»Da bin ich aber froh, dass wir alle miteinander verwandt sind«, rief Gott aus und schaute sich im Café um. Der Gedanke war so betörend, dass wir uns alle zunickten und geborgen fühlten.

Wir ließen es draußen Abend werden. Als das Domcafé schloss, ging ich mit Gott durch die Stadt. Die Glocken läuteten. In einem Tchibo-Schaufenster entdeckte ich den Trainingsanzug, den Gott trug. Ich fragte mich, wie Gott vorher angezogen war. Vielleicht war der erste Eindruck nur denen wichtig, die schnell einen afrikanischen Elefanten von einem indischen Elefanten unterscheiden mussten. Vor der Franziskanerkirche saß ein Mann in einem Rollstuhl und spielte ein Lied auf der Gitarre. Auch er trug den Trainingsanzug, der im Augenblick so angesagt war. Gerade stimmte er ein Lied an, das ich nicht kannte. Ich sang trotzdem mit. Was hatte ich schon zu befürchten? Ich hatte Gott in meinem Chor.

Erwin Grosche als rechter Verteidiger bei Schwarz-Weiß Berge (2. v. rechts)

Aus »Der alte Mann und sein Hund«

Der alte Mann und die Unsichtbarkeit

Der alte Mann ging mit seinem Hund spazieren.
Er war früh auf den Beinen und fror. Sie standen auf dem Monte Scherbelino, wo noch immer weiße Flecken an den Schnee erinnerten. Die Nacht, ewiger letzter Gast auf seiner Party, wollte nicht gehen. Wie fi ligrane Scherenschnitte hoben sich die Bäume vom Himmel ab und gähnten ungeniert, bevor sie ihre Äste schüttelten. War das ein Wind.
»Kein Wunder, dass sich der Winter noch hier zu Hause fühlt«, dachte er. Er schüttelte sich.
Auf dem Monte Scherbelino war es zu kalt, selbst für einen Märztag. Er trug noch, unfreiwillig, Wintermantel, Schal und Mütze und zitterte. Sein Hund lief, wie immer, in weitem Abstand vor ihm her, als wolle er nicht mit ihm gesehen werden.
Der alte Mann schaute sich um. Alles war noch Schatten und bewegte sich unmerklich. Er hatte eine Joggerin getroffen, eine Frühaufsteherin, die er jeden Morgen ihre Runden drehen sah. Er hatte gegrüßt und nur ein kurzes Nicken zurückbekommen. Um diese Zeit übersah man sich besser und ging dem anderen aus dem Weg. Er kam sich selbst wie unsichtbar vor. Hatte er sein Gesicht schon heute im Spiegel gesehen? Auf jeden Fall war er nicht rasiert.
Der Monte Scherbelino war eine Hügellandschaft, am Rande von Paderborn, die nach dem Krieg, so sagt man, aus den Trümmern der zerstörten Stadt aufgeschüttet worden war. Wie schnell Gras wachsen kann über alles, was man vergessen will. Hier befanden sich jetzt Sportplätze, Kinderspielflächen und andere Freizeitmöglichkeiten, die von Familien und anderen Gruppen genutzt wurden. Auch schon um diese Uhrzeit sah man Flaschensammler,

die in den Mülleimern nach Leergut fischten. Plötzlich waren sie da und bewegten sich. Wo war der Hund? Eigentlich kannte er die Stellen, an denen sein Hund herumschnüffelte. Meistens verschwand er nur so lange, bis man anfing, ihn zu vermissen. Der alte Mann pfiff. Er war selbst immer überrascht, wie laut und durchdringend er pfeifen konnte. Für einen Augenblick blieb die Welt stehen. Nichts rührte sich und alles wartete, bis sein Hund neben ihm stand. Dann setzte sich alles wieder in Bewegung, langsam und erholt, und das Leben ging weiter.
Der alte Mann schaute sich erstaunt um. Er wollte begreifen, wohin er gegangen war. In Gedanken war er ganz woanders gewesen.
»Ich bin noch gar nicht da«, dachte er.
Sie waren auf dem Weg zum großen Hundeplatz und sahen von weitem schon andere Hundebesitzer. »Gibt es etwas Schöneres, als sich mit einem Hundebesitzer über dessen Hund zu unterhalten«, fragte er sich.
Ja, es war noch schöner, sich mit einem Hundebesitzer über seinen eigenen Hund zu unterhalten.
Der alte Mann gähnte. Es war noch früh, aber Hundebesitzer sind immer unterwegs. Am Anfang war der Hund. Das erste Wort war »Aus« gewesen. Beim Rausschmiss aus dem Paradies buddelte ein Terrier das Loch dazu. An den Wänden buddhistischer Höhlen fand man die Darstellung eines Mannes, der für seinen Windhund einen Stock fortwarf. Der Marathonlauf wurde von einer Frau erfunden, die ihrem Pudel eine Handtasche entreißen wollte. Romeo war nur mit Julia zusammen gewesen, weil er deren Hund süß fand. Amerika wurde nicht von Kolumbus entdeckt, vor ihm war dort schon ein Mann in Schlappen aufgetaucht, der mit seinem Boxer Gassi gehen wollte. Auch der Polarforscher Robert Edwin Peary, vergaß zu erwähnen, dass er bei seinem Nordpolbesuch einen Mann sah, der in einem roten Beutel die Hinterlassenschaften seines Hundes fortschaffte. Neil Armstrong fand sogar Spuren auf

dem Mond, die bewiesen, dass dort vor seiner Landung ein Mann mit seinem Chihuahua Gassi gegangen war. Überall und zu jeder Tages- oder Nachtzeit waren Hundebesitzer unterwegs. Kein Wetter konnte sie abschrecken, keine Krankheit sie stoppen und keine Katastrophe sie aufhalten. Der Mensch und sein Hund waren Stützpfeiler der Welt, die man erst wahrnahm, wenn der Hund einen ansprang und alles zusammenbrach.

Der alte Mann schaute nach oben. Ein rosa Farbtopf war über dem blauen Himmel ausgelaufen. Der Tag war startbereit, jetzt fehlte nur noch die Signatur. Sein Hund stand auf einer Anhöhe und war dort im rosa Gegenlicht als Silhouette auszumachen. Er blickte auf das Zementwerk und das Möbellager und entdeckte Schafe, die abgeschirmt und eingezäunt vor dem Steinbruch weideten. Plötzlich kamen zwei Frauen aus dem Wald gelaufen. Sie trugen Lodenmäntel und hatten so dichtes schwarzes Haar, als würden sie Perücken tragen. Waren sie Zwillinge oder sahen sie nur gleich aus? Zwei Hunde umkreisten sie, von denen einer ein hechelnder Spitz und der andere ein dänischer Vorstehhund war.

»Hoffentlich gehört auch der knurrende Boxer zu ihnen«, dachte der alte Mann, als der mit einem Kurzhaarcollie und einem Labradoodle auf seinen Hund zugelaufen kam. Die drei waren zu groß, um die idealen Spielgefährten für seinen Hund zu sein, aber im Tierreich gab es die sonderbarsten Freundschaften.

Eine der beiden Frauen kam auf ihn zu, gefolgt von ihrem Spitz und fragte: »Sie wissen, wo die Jäger sind?«

Der alte Mann stutzte. War dies der Anfang eines Agentenfilms? Er kannte weder die Frau noch irgendwelche Jäger. Er lachte unsicher, als habe die Frau einen Scherz gemacht. Der tückische Spitz sprang an ihm hoch und beschmutzte seinen Wintermantel. Die Frau ließ den Hund gewähren und fragte noch einmal: »Meine Freundin erzählte mir, Sie wüssten, wo die Jäger sind.«

Was sollte er sagen? Der alte Mann schüttelte den Kopf. Öfters wurde erzählt, dass sich am Monte Scherbelino Jäger aufhielten, die in den Wäldern mit ihren Gewehren herumliefen und unangeleinte Hunde ins Visier nahmen. Er schüttelte wieder den Kopf. »Ich weiß von keinen Jägern, sonst würde ich das doch beichten.«

Die Frau gab sich mit seiner Antwort nicht zufrieden, pfiff ihren giftigen Spitz zu sich und nahm ihn an die Leine.

»Und wo sind Sie gewesen?«, fragte sie vorwurfsvoll.

Der Mann verstand die Frage nicht.

Er blickte seinem Hund hinterher, der gerade von dem Kurzhaarcollie und dem dänischen Vorstehhund gejagt wurde.

»Wo soll ich schon gewesen sein?«, sagte der alte Mann. »Ich war doch hier.«

Die Frau zog ihren störrischen Spitz hinter sich her, der noch gern den alten Mann angeknurrt hätte und sagte beim Abgehen: »Ich kann das jetzt nicht erklären. Sie verstehen das sowieso nicht.«

Der alte Mann lachte unsicher vor sich hin. War das ein Gespräch gewesen? Warum hatte die Frau gefragt, wo er gewesen war? Hatte sie ihn nicht gesehen? Er war doch da, oder war er vielleicht große Teile des Weges unsichtbar und tauchte erst jetzt wieder auf, als ihn jemand angesprochen hatte? Das würde manches erklären. Er stellte sich vor, wie er heute auf andere wirken musste. Er stand auf einem Flecken Schnee und hinterließ seine Spuren. Kein Zweifel möglich. Er war da. Hatte er vielleicht diese Waidmanns-Heil-Aura? Sah er aus, als verbringe er seine Zeit auf einem Hochsitz? Vielleicht hielt man seine Ringe um die Augen für den Beweis, dass er Lichtungen nur des Nachts mit einem Fernglas betrachtet. Wurde man anders und ein anderer, wenn man unsichtbar gewesen war?

Seine Freundin Ruth hatte ihm noch kürzlich erzählt, dass ihr Mann immer kleiner werde.

»Er schrumpft«, hatte sie ihm anvertraut, »und bald ist er nicht mehr da.«
Konnte das sein? Waren wir alle dem Übergang geweiht? Überlebten wir nur als Jäger und Förster?
Er wollte gerade nach seinem Hund rufen, als er bemerkte, dass dieser schon hechelnd vor ihm stand. »Sehe ich heute anders aus?«, fragte er seinen Hund. »Kann es sein, dass viele den Eindruck haben, ich komme aus dem Nichts und verfüge über Botschaften von Tarngesellschaften wie Jäger und Feen?« Sein Hund bellte. Er wollte nach Hause. Es gab solche Tage, da war man verschwunden und andere Tage, da wollte man verschwinden. In Paderborn war beides möglich.

Der alte Mann und der Apfelkuchen

Der alte Mann ging mit seinem Hund spazieren.
Sie hatten sich schnell auf den Weg geeinigt. Als der Tag sich eingespielt hatte und man endlich herausbekam, was man anziehen musste, war ihr Plan gefasst.
»Haxtergrund?«, fragte der alte Mann. Der Hund bellte, lief zur Haustür und platzte so vor Ungeduld, dass man ihn kaum anleinen konnte. Eigentlich wanderten sie jeden Vormittag durch den Haxtergrund, aber trotzdem tat es gut, sich wieder neu dafür entscheiden zu müssen. Wer den Wandel der Welt erleben möchte, musste sie in ihrer Unberührtheit durchstreifen. Baum, Strauch und Blume zeigten sich dann unverstellt und wussten nichts von ihrer Anziehungskraft. Er wollte sehen, wie die Knospen sich öffneten. Er wollte dabei sein, wenn das Leben sich entwickelte.
Nun war er auf dem Weg zum Gasthof Weyher und freute sich auf das Trompeten der Gänse, die seinen Hund abfingen, als hätte er bei seinem letzten Besuch die Zeche geprellt. Würde sich ihnen wieder Weyhers Katze entgegenstellen und ihre Gebietsansprüche mit einem lässigen Fauchen einfordern? Er wollte heute Morgen einen Apfelkuchen mit Schlagsahne essen. Kein Wunder, dass er aufgeregt war. Er hatte sogar schon ein Plätzchen gegessen, um diesem Apfelkuchen nicht ganz wehrlos gegenübertreten zu müssen.
Der alte Mann bemerkte nicht die Bärlauchpflücker, die im Wald knieten und das »stinkende« Kraut in ihre Tüten stopften. Heute übersah er die Kinder vom Waldkindergarten, die auf der Wiese standen und einen großen Kreis bildeten. »Der Apfelkuchengroßpapa / singt laut: ›Ist Apfelkuchen da? Denn ohne Apfelkuchenstück / vermisse ich mein Lebensglück‹« Er war in so hoffnungsvoller Erwartung, dass er nicht einmal bemerkte, dass er seinen Mantel falsch geknöpft hatte. »Wie ein Kind«, dachte er. »Ich bin

wie ein Kind. Haben, haben, haben. Sein, sein, sein.«
Der alte Mann schaute seinem Hund hinterher. Es war ernüchternd, wie wenig anfällig der für die Wunder der Natur war. Er schnupperte lieber an einem Verkehrsschild und wälzte sich in einer toten Maus. Während der alte Mann der Entdecker und Beobachter blieb, war der Hund Teil des Unbewussten. Er blieb Tourist und sein Hund war Einheimischer. Der alte Mann war nur froh, dass sein Hund nicht wusste, wie schön es manchmal war, ein Mensch zu sein. So konnte er als Hund seine eigenen Erfahrungen machen und musste sich nicht mit höher entwickelten Kulturen messen.

»Alter Mann und Hund
sind im Haxtergrund.«

Kopfschüttelnd konnte er sich an diesem schlichten Reim festhalten, als wäre er gefüllt mit Weisheit und tiefer Erkenntnis. Frohgemut ging er weiter. Der alte Mann liebte seine Besuche im Gasthof Weyher, wo er gern alleine saß und bei einem kleinen Mahl zur Ruhe kam. Veränderungen waren nur zu genießen, wenn es einen Ausgangspunkt gab, der einen erdete und nicht im Stich ließ. Gehörten nicht auch das Drei-Hasen-Fenster, Pumpernickel und Weyhers Apfelkuchen zu den Fundamenten der Gelassenheit?
»Gott zeigt sich in diesen Zeichen«, dachte er. »Er sorgt bei allem Treiben für Rast.«
Natürlich war ein Vormittag nicht ideal, um sich verwöhnen zu lassen. Gerade Kuchen braucht eine gewisse Erschöpfung, die einen wehrlos macht und anfällig für Kitsch. Und was hatte er heute schon erreicht, was hatte er schon geleistet? Einen Apfelkuchen musste man sich verdienen. Er war eine Belohnung und eine Ausnahme. Manchmal ging es beim Genießen auch nur darum, Beweise vorzufinden, dass das Glück auch noch zu denen kommt, die seine Zuwendungen eigentlich schon zu oft erhalten hatten. Er wollte wieder an der Reihe sein, selbst

wenn gewisse Zweifel ihn heute beherrschten: War auf den Apfelkuchen von Herrn Weyher Verlass? Hatte er im Laufe der Zeit an Frische und Unschuld eingebüßt? Stimmte noch das Preis-Leistungs-Verhältnis?

»Tu mir das nicht an«, bettelte der alte Mann und schaute auf den Apfelkuchen, den Herrn Weyhers Schwester vor ihn hingestellt hatte.

»Lassen Sie sich's schmecken«, sagte sie und huschte durch die Klapptür in die Küche.

Der alte Mann nickte nur. Er war sprachlos. Er hatte vergessen, wie schön der Apfelkuchen von Herrn Weyher war. Konnte er diesen Berg aus Teig, Frucht und Sahne, von dem aus man die ganze Welt betrachten konnte, erklimmen? Sprang er über diese scheinbar unüberwindbare Mauer des plötzlichen Zweifels und landete weich auf dem Sahnekissen? Was würde passieren, wenn alle Hindernisse aus dem Weg geräumt sind? War er dann frei? Der Apfelkuchen war die Kuchen gewordene Sendung des Himmels an seine Zweifel. Auch die Helden müssen Luft holen und rasten in Gottes Armen.

Er nahm die kleine Gabel zur Hand, zweigte vom Kuchen die Spitze ab und fuhr mit ihr durch den Sahneklecks.

»Oh, mein Gott«, dachte er. »Was mache ich nur, wenn mir der Apfelkuchen nicht mehr schmecken sollte?«

Er erinnerte sich gut daran, als ihm plötzlich die Ahoj-Brause nicht mehr zusagte. Natürlich gab er sich selbst die Schuld. War ihm das Prickeln Alltag geworden? Hatte er mit den Verlockungen richtig umgehen können? Wie traurig wurde das Leben, als ihm Maoam nicht mehr mundete. Schloss ihn das nicht aus von den großen Menschenmassen, die in Fußballstadien nach dieser Götterspeise riefen? Maoam! Maoam! Maoam! Wie unverständlich erschien es ihm in Nachhinein, dass er mal auf Capri-Sonne gestanden hatte. Er konnte ihr auch nicht verzeihen, dass sie sich plötzlich Capri-Sun nannte. Es stimmte schon. Alles hatte seine Zeit. Würde auch der Apfelkuchen

von Herrn Weyher als bloße Nostalgie in seinem Gedächtnis enden?
Der alte Mann schaute seinen Hund an, der ihn aufmerksam beobachtete. Hunde spüren schnell, wenn etwas im Gange war, dass auch ihr Leben unmittelbar beeinflussen konnte.
»Ich bin bereit«, flüsterte er, als müsste er andere vor seinem Verwandeln warnen, damit sie schnell Schutz finden konnten unter Bett und Tisch.
Der alte Mann schloss die Augen und ließ sich gehen. Seine Hand kannte den Weg zum Mund.
»O, Glück lass nach«, rief er nach dem ersten Bissen aus. Er zitterte und drohte zu zerschmelzen. Der Apfelkuchen versuchte, Besitz von ihm zu ergreifen, wie eine fremde Macht. Wurde er zum Egoisten? Verwandelte er sich in eine Diktatur? Er lachte. Fühlte er sich schon wie mit Puderzucker berieselt? War sein Herz zum Apfelstück mutiert? »O Gott«, dachte er. Er konnte seine Empfindungen nicht mehr kontrollieren. Er sah Anne, seine Frau, vor sich. Wieso kam ihm Anne in den Sinn? Er schluckte den Apfelkuchen hinunter und hörte sogar ihre Stimme. War er dabei, sich wieder zu verlieben? Er sah sich plötzlich, wie er als Kind mit einem kleinen Koffer auf dem Platz vor einer Bäckerei stand, um der Welt ein für allemal den Rücken zu kehren. Er fühlte sich frei, weil in dem Koffer alles gewesen war, was man als Kind brauchte, um in der Welt seinen Platz zu finden. Es war das perfekte Überlebenssortiment gewesen.
Der alte Mann trank Kaffee, um das letzte Stück des Kuchens zu begleiten. Das Bellen des Hundes riss ihn aus seinen Gedanken.
»Alles gut bei Ihnen?«, fragte Herrn Weyhers Schwester.
Er öffnete die Augen und strahlte sie an. »Entschuldigung. Es ist der Apfelkuchen. Ich habe nicht mehr gewusst, was er mit den Menschen anstellt.«
Sie nickte.

»Sie dürfen ihn nur in kleinen Bissen essen«, sagte Herrn Weyhers Schwester. »Wenn Sie das Glück nicht gewohnt sind, muss man aufpassen, dass man sich nicht zum Narren macht. Glückliche Menschen wirken oft peinlich.«
Der alte Mann nickte und schwieg. Er erinnerte sich plötzlich daran, wie er später diesen kleinen Koffer, diesen Kinderkoffer, auf dem Dachboden seines Elternhauses gefunden und ihn geöffnet hatte. Er entdeckte darin eine Ahoj-Brause, ein Maoam, und eine Capri-Sonne mit Strohhalm. Jedes Kind fand sich mit diesen Zutaten in der Welt zurecht. Wie einfach alles mal war. Der alte Mann schaute auf den Teller. Alles war aufgegessen worden, von wem auch immer. Nun würde es morgen wieder schönes Wetter geben. Glück zieht Glück nach.

Der alte Mann und sein Hund
(ein Paderborn-Spezial)

Der alte Mann ging mit seinem Hund spazieren. Er seufzte und schloß seinen Schirm. Die Sonne war aus dunklen Wolken gekommen und ließ Scharbockskraut am Wegesrand und Pestwurz am Paderufer den Frühling ankündigen. Auch in den Gärten blühten schon Krokusse und lockten Bienen und Hummeln an. »Paderborn blüht auf«, sagte eine Frau, die ihm entgegenkam und auch einen Hund an der Leine führte. »Das heißt nicht Paderborn blüht auf«, sagte der alte Mann. »Es heißt Paderboaarn blüht auf«, sagte der alte Mann. »Die ersten beiden Silben des Stadtnamens werden zusammengezogen und die Betonung gehört nach hinten.« »Pader-born?«, fragte die Frau unsicher. »Jetzt kommen wir der Sache schon näher«, sagte der alte Mann. »Die dritte Silbe wird jetzt noch mit drei a's angereichert, dann hört man, daß sie ein großes Herz haben.« »Paderboaaarn?« »Ja« sagte der alte Mann. »Geht doch.« Die Frau seufzte und ließ ihren Hund von der Leine. Sie standen auf den großen Paderwiesen beim St. Johannisstift-Krankenhaus und schauten ihren spielenden Hunden zu.

»Jetzt wohne ich schon dreißig Jahre in Paderboaaarn«, sagte sie. »Und man merkt mir immer noch an, daß ich aus Dörenhagen komme.« Der alte Mann seufzte. »Eigentlich muß man einmal in die Pader gefallen sein, um als Paderborner anerkannt zu werden«, sagte der alte Mann. Die Frau lachte. »Geht es nicht ein bißchen einfacher?« Der alte Mann überlegte. »Früher reichte es mit Taxi Hermesmeyer zu fahren, aber die gibt es ja nicht mehr.« »Ich habe jetzt mal ein Ükernbrot vom Bäcker Mertens gegessen.« »Das ist ein Anfang«, sagte der alte Mann. »Noch sicherer ist natürlich bei Weyhers einen Apfelkuchen oder sogar Bratkartoffeln zu essen.« »Da habe ich ja noch einiges vor mir«, sagte die Frau. Der alte Mann überlegte. »Es würde auch guttun, einmal in der Bartholomäuskapelle das Paderbornlied zu singen.« »Ich habe jetzt mal den Honig von unserem Bürgermeister probiert und spiele mit dem Gedanken den DOM zu abonnieren«, sagte die Frau. »Sie sind auf einem guten Weg«, sagte der alte Mann. »Man kann das Procedere natürlich abkürzen, indem man einfach einen Paderborner heiratet.« Die Frau stutzte und warf ihrem Hund einen Stock zu. »Das ist nicht ihr Ernst«, sagte sie. »Da kann ich aber nur lachen.« Der alte Mann nickte. »Sie haben es begriffen«, sagte er. »Wenn man über sich selbst lachen kann, wird man automatisch zum Paderborner oder zur Paderbornerin.« So lachten beide und fühlten sich zu Hause in der aufregendsten Stadt der Welt.

Aus »Der Weltenlauscher«

Die Pullover-Variationen

Der Zwei-Fenster-Pullover

Sicherheit umgibt uns durch Umsicht. Eine gute Vorsorge kann manch brenzlige Situation entschärfen. Gerade in Augenblicken, in denen man seine Konzentration auf komplexe Vorgänge ausgerichtet hat, nutzt man parallel dazu eingeübte Alltagsrituale, um automatisch das Richtige zu tun. Eine den Umständen angepasste Alltagskleidung kann da schon helfen, manche Gefahren abzuwenden.
Zum Glück gibt es den Zwei-Fensterpullover. Der Pullover hat nicht nur zwei Fenster; deren Nutzung lässt uns auch kurz innehalten und den Blick auf die Außenwelt schärfen. Der Zwei-Fensterpullover ist ein Pullover, der erst beim Abstreifen zeigt, dass er den Anforderungen einer immer schneller werdenden Welt gewachsen ist. Schaut man beim Abstreifen des Pullovers durch das erste Sichtfenster, taucht man auf aus Augenblicken der Befangenheit. Das macht Mut und schafft Vertrauen. Beim weiteren Abstreifen folgt dann der Rundblick durch das zweite Sichtfenster. Genießen Sie es, Herr der Lage zu sein. Sie bekommen einen Überblick über alles, was Ihnen im Wege steht, bevor Sie den Pullover ganz über den Kopf ziehen. Strecken Sie sich. Nutzen Sie die kleine Lockerungsübung. Zum Beispiel auch während einer Autofahrt kann es wichtig sein, einen solchen Pullover zu tragen, bei dessen Abstreifen man den Überblick über das Verkehrsgeschehen behält und nicht fahrlässig das Leben anderer Verkehrsteilnehmer aufs Spiel setzt. Es gibt auch andere Situationen, in denen es besser ist, nicht den Kontakt zur Umwelt zu verlieren. Ziehen Sie den Zwei-Fensterpullover ins Vertrauen. Vertrauen ist ein Ort, an dem man sich wohlfühlt.

Der Trockenpullover

Wer seine Zeit zu nutzen weiß, hat gut lachen. Zum Glück gibt es den Trockenpullover. Der Trockenpullover ist ein ganz normaler Pullover, an dem man seine nasse Wäsche aufhängen kann. Wie oft verplempert man seine Tage mit Warten und Traurigsein? Du stehst auf der Post und wartest in der Schlange, damit du endlich dran bist, um dir eine Briefmarke zu kaufen. Wie oft stehst du vor der Fußgänger-Ampel und wartest, dass du endlich losgehen darfst, um zum eigentlichen Ziel zu gelangen? Kopf hoch! Du bist am Ziel. Zieh deinen Trockenpullover an und häng deine nasse Wäsche an die Ärmel. Auf beiden Seiten werden Strümpfe, Unterhosen und Taschentücher zu sehen sein. Beweg nun die Arme auf und ab. Lass die Kleidungsstücke durch den Alltag gleiten. Spürst du, wie die Wäsche trocknet? Egal, wo du bist, beweg deine Arme auf und ab und nütze deine Zeit. Ist das nicht großartig? Durch kräftiges Auf- und Abrudern der Arme wird deine Wäsche trocken. Die Unterhose flattert im Wind, der Strumpf schlägt vor Freude Purzelbaum. Das entlastet die Umwelt, sieht gut aus und ist Entschleunigung pur. Einen Trockenpullover kann jeder tragen. Zieh ihn einfach an und sprich dabei dieses Mantra:

Auf und nieder, nieder, nieder,
immer wieder, wieder, wieder.
Strumpf und Mieder, Mieder, Mieder,
auf und nieder, nieder, nieder.
Trocken, trocken, trocken, trocken
werden Socken, Socken, Socken.
Der Pullover, -over, -over
ist kein Doofer, Doofer, Doofer.
Unterhosen, -hosen, -hosen,
die im Winde tosen, tosen, tosen,
werden trocken, trocken, trocken
wie die Socken, Socken, Socken.

Der Clownpullover

Manchmal wird man überrascht von den Möglichkeiten, die einem das Leben bietet. Oft kommt man zu einer Karnevalsparty und stellt erstaunt fest, dass sich alle verkleidet haben. Katz und Maus laufen herum und schneiden Grimassen. Natürlich will man da nicht griesgrämig wirken, als könnte man auf lustige Menschen herabblicken. Wie gut, dass es den Clownpullover gibt. Der Clownpullover ist ein ganz normaler Pullover, der sich hervorhebt durch einen besonders ausdrucksstarken Rollkragen.

Er wird gerne von Menschen getragen, die aussehen wollen, als arbeiteten sie im Wintersportbereich und hätten zu Hause einen Kamin am Brennen. Wie schön ist es, wenn man die Jecken mit einem kleinen Verwandlungstrick überrascht und sich als einer von ihnen outet? Rollen Sie den Rollkragen einfach hoch und entpuppen Sie sich als Witze-Clown. Augen- und Mundschlitze und eine rote aufgenähte Nase sorgen für diesen Effekt. Manche nutzen diesen Verwandlungstrick, um bei Geschwindigkeitskontrollen den würdelosen Blitzern eine lange Nase zu zeigen, andere setzen den Trick ein, wenn sie bei einem Bankbesuch eine günstige Gelegenheit mehr nutzen wollen, als es der Gesetzgeber erlaubt. »Geld oder Leben« ist kein Satz, den man unverkleidet zum Einsatz bringen sollte. Ich habe einen Freund, der diesen Clownpullover bei seinen Rendezvous vorführt, um Damen seines Herzens in entscheidenden Momenten von seiner Wandlungsfähigkeit zu überzeugen. »Lass mich dein Clown sein!« Hier hilft der Clownpullover. »Er macht alle glücklich, er macht alle froh. Wenn der Mensch zum Clown wird, kratzt man sich am Po.«

Der Langarmpullover

Wie oft erklimmt man einen Berg und die Kräfte verlassen einen, bevor man den Gipfel erreicht hat? Zum Glück ist man nicht allein. Jeder, der einen Langarmpullover trägt, kann die Ärmel auf die sechsfache Länge einer normalen Pulloverarmlänge ausrollen und sich daran hochziehen lassen. Natürlich kann man mit diesem Langarmpullover auch andere, die nicht mehr gehen wollen, eine Zeitlang hinter sich herziehen und ihnen dadurch unter die Arme greifen. Ein Langarmpullover ist zudem praktisch, wenn man in einen Mücken- oder Bremsenschwarm gerät. Durch wildes Herumwedeln der Langarme verliert jede Mücke und jede Bremse die Lust daran, einen zu stechen, und nimmt schnell Reißaus.

Der Vielarmpullover

Es ist nicht einfach, sein Umfeld durch ausgefallene Kleidung zu verblüffen. Zum Glück gibt es den Vielarmpullover. Ein normaler Pullover kommt in der Regel mit zwei Armausgängen durch. Nicht so der Vielarmpullover, der acht bis zwölf Armausgänge hat. Durch raffinierte Anordnungen dieser Armhülsen ergeben sich nicht nur täglich neue Möglichkeiten des Hineinschlüpfens; die Form des Pullovers verändert sich auch durch immer gewagtere Expeditionen der Arme. So verzieht sich der Pullover zu einem exotischen und ungewöhnlichen Kleidungsstück, dessen Funktionen gekonnt in den Hintergrund treten, wenn sich durch mutiges Betreten von Neuland ungewöhnliche und reißerische Auffälligkeiten ergeben. Wir sind hier, um jeden Tag einen neuen Eindruck von uns zu hinterlassen. Mut ist ein schönes Kleidungsstück.

Wahrheiten über Streuselkuchen

»Es sind die kleinen Wunder, die uns Freude machen. Was wäre das Leben ohne Überraschungen? Was wäre die Welt ohne Glück? Was wäre die Erde ohne Streuselkuchen?«

Der Streuselkuchen ist der Beweis, dass Gott lebt. Wie wüssten wir sonst, dass das Leben gütig sein kann? Am Anfang war der Streuselkuchen. Manche wundern sich, dass er legal zu erwerben ist, denn sein Genuss kann süchtig machen.

Erinnert uns nicht der Streuselkuchen an die vier Entwicklungsstufen des Menschen? Spüren wir nicht bei seinem Umgang Kindheit, Jugend, Erwachsensein und Alter?

Manche mögen ihn am liebsten, wenn er frisch ist, aber der Streuselkuchen hat mehr zu bieten: Haltung und Entfaltung.

So wie wir sehnsuchtsvoll den Frühling erwarten, wenn wir im Winter nicht auf Gran Canaria waren, so erscheint uns der frisch gebackene Streuselkuchen wie ein Lebenszeichen von Gott, wenn graue Tage uns am Lebenssinn zweifeln lassen. Nach langer Kuchenenthaltsamkeit ist er der beste Einstieg in die Abgründe des Paradieses. So besitzt der frische Streuselkuchen eine Anziehungskraft, die uns anlockt und schwach macht. Nicht jeder Versuchung muss man widerstehen, aber nur der richtige Umgang mit den Verführungen eines Streuselkuchens macht uns glücklich auf dem Wege zur Vollkommenheit.

Der frische Streuselkuchen ist die Vorband, die den alten Haudegen locker die Show stehlen könnte, aber wir sind nicht gekommen, um das Werden zu feiern, sondern das Sein. Die alten Helden erinnern uns an unsere Träume und daran, wie man sein Leben verbringen kann, ohne sich zu verbiegen. Der junge Streuselkuchen ist nicht auf Dauer frisch. Das ist im göttlichen Plan nicht vorgesehen. Manche genießen ihn deshalb heimlich, um nicht teilen zu müssen.

Widerstehe der Verführung! Wer will schon dauernd Barbiepuppen küssen? Lasst Bambi erwachsen werden! Glück will Kampf. Odysseus ließ sich von seinen Kameraden an einen Mast binden, um nicht dem lockenden Gesang der Sirenen zu verfallen. So sollten auch wir den frischen Streuselkuchen genießen. In der Gemeinschaft von anderen, die ein Auge auf uns werfen. Die entscheiden, wann es genug ist.
Gehen wir nur einen Tag weiter. Der Streuselkuchen hat sich verändert. Verlass schweren Herzens die Kuschelzone, andere Reize warten auf Dich. Warte ab. Das ist schon Teil des Genusses. Der Kuchen hat sich seine Schönheit bewahrt, aber er fängt an, Fragen zu stellen. Er will wissen, wer er ist und warum er auf die Welt gekommen ist. Noch fehlt es ihm an Selbstbewusstsein, aber er tritt uns forsch entgegen. »Der Bäcker hat mich doch nur erschaffen, um Geld zu verdienen«, sagt er und experimentiert mit Rosinen und Puderzucker, als würden ihm diese Geschmacksvariationen eine individuelle Ausstrahlung geben.
Das Kind wird zum Jugendlichen. Man spürt ein leichtes Kokettieren im Wissen um seine Anziehungskraft. »Sie umschwärmen mich doch nur, weil Sie auf meine Streusel scharf sind.«
Das Austesten von Grenzen gehört zum reizvollen Umgang in diesem Lebensabschnitt. Das Vertrauen der Kindheit ist erschüttert. Er weiß nun, dass das Leben endlich ist und Gier und Ungezügeltheit ihn umgeben.
Der Streuselkuchen ist nicht mehr frisch und noch nicht alt. Beide Zustände sind beim Genuss zu spüren. Ein reizvolles Balancieren über dem Abgrund erhöht die Hingabe.
Schon einen Tag später wird der jugendliche Streuselkuchen zum Mann. Der Streusel ist voll ausgeprägt. Die Einheit von Aussehen und Geschmack ist abgeschlossen. Die Zutaten des Streuselkuchens fanden zueinander. Das Team wirkt eingespielt. Das, was nur mal angedeutet war,

tritt nun zum Vorschein und wird zum Erkennungszeichen des Kuchens. Auch der Streuselkuchengenießer ist nun bereit, die volle Verantwortung zu tragen. Er weiß jetzt, was ihn erwartet. Der Verzicht hat ihn stark gemacht. Zwei starke Liebende machen sich auf und treffen sich im Zentrum des Orkans. Sie sind nicht mehr maßlos, aber anspruchsvoll. Sie tragen einen Helm. Sie sind nun Gourmet. Dieser dritte Tag zeigt den Streuselkuchen von seiner gestandenen Seite. Da ist Verlass wie unter Ehepartnern, die sich nach dreißig Jahren blind vertrauen und sich nicht anschauen müssen, wenn sie wegschauen wollen. So darf man alt werden. Plötzlich scheint der Streuselkuchen Ähnlichkeit mit der Oberfläche des Mondes zu haben. Lasst uns dort eine Fahne aufstellen. Zeigen Sie ihm, dass er schmeckt, machen Sie »Mhm«, aber bleiben Sie auf dem Teppich! Genuss ist auch Kontrolle.

Am vierten Tag überrascht der Streuselkuchen mit den schönen Seiten des Alters. Es ist von einer rührenden Erkenntnis, dass der alt gewordene Streuselkuchen immer mehr seinem Esser ähnelt. Der alte Streuselkuchen interessiert nun die Erkenntnis. »Was ist aus uns geworden? Was hat uns so verändert? Worin liegen meine Stärken?« Am vierten Tag erzählt er von der Wahrheit. Da lenkt nichts mehr ab von seinem Genuss. Da rührt er mit seinen Streuseln, die nun wie Altersflecken auf ihm thronen. Ein Gesicht voller Falten kann viele Geschichten erzählen. Der Kuchen ist hart, aber das Leben ist es doch auch. Man kann den Kuchen nun in Kaffee tunken. Wer alt ist, muss sich nicht schämen, wenn er Hilfe annimmt.

Wissen Sie, was den alten Streuselkuchen so unwiderstehlich werden lässt? Das ist die Erinnerung. Die Erinnerung an behütete Kindheit, an launische Jugend, an das selbstbewusste Erwachsensein. Der Streuselkuchen hat es verdient, dass wir uns um ihn kümmern. In allen vier Lebensabschnitten schüttet er uns sein Herz aus. Er ist der König unter den Kuchensorten. Seine Symbolik erschüttert uns

und zeigt vor allen Dingen eins: Höre nicht auf, nach dem Glück zu suchen!
Man muss geben und nehmen. Man muss genießen können und selbst auch Genuss sein. So macht auch der kleine Streuselkuchen Sinn. Das Leben ist nicht vorbei, wenn wir die Unschuld verloren haben. Wir können das Paradies bewahren, wenn wir glauben, dass Gott uns liebt.

Erwin Grosche wird für immer brav (1. v. links)

Die Peter-Sloterdijk-Entspannungstasche

(Neben dem Vortragenden steht ein kleines Regal, aus dem er sich die vier Bücher und eine Tragetasche holt. Die Bücher stellt er vor und wirft sie in die Tragetasche.)

Nichts in unserem Leben ist wichtiger als die Entspannung. Ich habe Ihnen nun aus meiner Heimatstadt Paderborn eine Entspannungsmethode mitgebracht, die zwei Vorzüge hat: Sie erheitert das Gemüt und stählt die Muskeln. Was will man denn mehr?

Und genau darum geht es. Wir haben in unserem Gesicht 26 Gesichtsmuskeln, von denen alleine 17 für das Lachen zuständig sind. Einzig der Ostwestfale schafft es, dabei auch nur mit zwei Gesichtsmuskeln zu überzeugen. Und nur wenn er verliebt ist, setzt er noch manchmal einen dritten Gesichtsmuskel ein (zwinkert mit einem Auge), aber auch bloß am Anfang. Paderborner Frauen verstehen schnell. Aber das sind Muskeln. Die kann man trainieren.

Hier kommt nun die Peter-Sloterdijk-Entspannnungstasche ins Spiel.

Peter Sloterdijk ist einer unserer größten Philosophen, der es wie kein anderer geschafft hat, den lesenden und den Sport treibenden Menschen unter einen Hut zu bringen. Was will man denn mehr? Wir kennen ihn alle durch seine Hauptwerke »Die Kritik der zynischen Vernunft Band 2« und »Die Kritik der zynischen Vernunft Band 1«. Die meisten haben diese Bücher geschenkt bekommen und noch nie einen Blick hineingeworfen. Nun können wir diese Werke einsetzen. (*Wirft sie in die Tasche.*) Rein damit in die Peter-Sloterdijk-Entspannungstasche.

Gleich merken wir: Schwere Kost. Dieser Mann hat Gewicht. Ich sage immer, soweit sind der lesende Mensch und der Sport treibende Mensch gar nicht voneinander entfernt.

Ich habe einen Bekannten, der macht in Detmold beim Hermannslauf mit. Kennen Sie den? Seien sie froh! 32 Kilometer. Ich sage immer, seid ihr denn verrückt geworden, und dann noch bergauf. Der macht da also gerne mit und sagt dann stets: »Jetzt bin ich dreimal kollabiert und total im Arsch. So 'nen Spaß macht das.«
Da denke ich jedes Mal, das hört sich so toll an, da werde ich bestimmt im nächsten Jahr mal ... zuschauen. Natürlich nur zuschauen, ich bin doch nicht bescheuert. Aber auch ich kenne als lesender Mensch dieses Gefühl, dieses Los des Ausgeliefertseins. Ich habe jetzt mal berufsbedingt die letzte Biographie von Effenberg – der war ja mal unser Trainer, dachte er wenigstens – gelesen, danach war ich auch total im Arsch und bin fünfmal kollabiert.
Heute Morgen habe ich noch im Haxtergrund einen Jogger gesehen, da dachte ich auch, ich nehme mal als lesender Mensch Kontakt zu ihm auf. Ich sagte ihm, dass wir gar nicht so unterschiedlich seien. Und da bin ich dann wirklich eine Zeitlang neben ihm ... – das ist mir nicht leichtgefallen – neben ihm mit dem Auto gefahren. Aber meinen Sie, der hätte Notiz von mir genommen? Ich war Luft für ihn und dabei ist mein Auspuff kaputt. Da habe ich auch gedacht, als lesender Mensch: So schnell gebe ich nicht auf. Ich habe also die Scheibe heruntergefahren und zu ihm gesagt: »Weh mir, wo nehm ich, wenn es Winter ist, die Blumen und wo den Sonnenschein und Schatten der Erde. Die Mauern steh'n sprachlos und kalt, im Winde klirren die Fahnen.« Also Hölderlin, Hälfte des Lebens, zweite Strophe, aber meinen Sie, der hätte mich wahrgenommen? Ich hatte sogar das Gefühl, der wollte noch schneller laufen, da kannte er mich aber schlecht. Ich war doch mit dem Auto da ...
Zum Glück gibt es die Peter-Sloterdijk-Entspannnungstasche. Da passt noch was rein, da sind noch Kapazitäten frei. Ich empfehle da ein dickes Buch, zum Beispiel von C.G. Jung: »Der Mensch und seine Symbole«. Da stehen

so erhellende Sachen drin: »Dass der Mensch beim Joggen, also beim Laufen, schon nach zwanzig Minuten ...« *(Unterbricht das Lesen).*

Da habe ich immer gedacht, was heißt denn hier »schon nach zwanzig Minuten«? Das sind zwanzig Minuten. Das können die schlimmsten zwanzig Minuten ihres Lebens sein. Da steht also: »Dass der Mensch beim Joggen, also beim Laufen, schon nach zwanzig Minuten körpereigene Glückshormone entwickelt.« Da habe ich gedacht, das schaffe ich mit drei Flaschen Wein – und das im Sitzen! Es muss nicht alles wehtun, was guttut! Okay, dieses Buch von C.G. Jung, »Der Mensch und seine Symbole«, kommt also auch in die Peter-Sloterdijk-Entspannnungstasche.

Die Tasche ist nun gut gefüllt. Ich tue jetzt noch ein Bonbonbuch dazu. Ein kurzweiliges Bonbonbuch, das einen auf andere Gedanken bringen kann. Kleine Gedanken, die kurz erfreuen und dann schon wieder verschwunden sind. In diesem Gedankenbuch, da stehen so Sätze wie: »Auch der Porschefahrer findet keinen Parkplatz, nur schneller.« Oder: »Gruppensex muss sich ergeben, das kann man nicht erzwingen.« Oder: »Anglern beim Angeln zuzuschauen, empfinde ich nicht als entspannend.« Oder: »Rechts vor links klappt am besten, wenn von rechts kein Auto kommt.«

Und jetzt geht es los. *(Der Erzähler hängt sich nun die Tasche um die Stirn und macht alles vor und nach. Die Tasche rutscht also während seines Monologs von der Stirn über die Ohren (!), über die Augen und über die Nase zum Mund, bis sie schließlich um den Hals landet.)* Wir gehen also wie jeder andere einkaufen, vielleicht gehen wir in eine Fleischerei. Natürlich hat sich dort eine Schlange gebildet, alle sind genervt. Sie natürlich nicht. Sie können die Zeit nutzen. Sie haben die Peter-Sloterdijk-Entspannungstasche dabei. Reihen Sie sich in die Schlange ein und umspannen Sie mit den Trägern Ihrer Tasche die Stirn. Die eigentliche

Tasche baumelt an Ihrem Hinterkopf herab. (*Spannt sich die Tasche um die Stirn.)* Noch fallen Sie nicht auf. Sie erinnern an einen Späthippie, der den Absprung nicht geschafft hat. Aber merken Sie: Meine Haltung hat sich schon verändert. Ich schaue schon ganz anders in die Welt. Jetzt kommt's: Beginnen Sie einfach, Ihre Gesichtsmuskulatur zu bewegen. Bewegen Sie alle Gesichtsmuskeln. (*Bewegt das Gesicht, bis die Halter der Tasche die Ohren umgeklappt haben.)* So klappen die Träger die Ohrmuscheln um. Welch anmutiges Bild! Sie hören nichts mehr. Sie schotten sich ab von der Außenwelt. Genießen Sie den Augenblick! Das tut gut und Sie erlangen die erste Stufe der Peter- Sloterdijk-Entspannnungstasche: NICHT HÖREN. Kann sein, dass Sie nun doch auffallen. Dass Menschen auf Sie zugestürmt kommen und rufen: »Sagen Sie mal, ist das nicht die Peter-Sloterdijk-Entspannnungstasche?« Aber Sie hören das ja nicht. Wenn Sie das auch nicht sehen wollen, dann leiten Sie die zweite Stufe der Peter-Sloterdijk-Entspannnungstasche ein: NICHT SEHEN. Moment: Achten Sie mal kurz auf die Ohren! *(Lässt die Träger der Tasche von den Ohren schnellen, die sofort spitz und aufmerksam in die Welt ragen.)* Das muss man natürlich nicht sofort am Anfang können, aber so fliegen einem die Herzen zu. *(Deutet mit Zeigefingern und Daumen ein Herz an.)* Aber es geht wieder weiter. Sie können durch Runzeln der Stirn die Träger der Tasche an Ihrem Gesicht heruntergleiten lassen. So erreichen die Träger die Augen und bedecken sie. *(Die Träger der Tasche hängen über den geschlossenen Augenlidern.)* Sie sehen nichts mehr. Geben Sie sich diesem Augenblick hin. Gerade in der Weihnachtszeit, wenn Sie von überall mit Glimmer und Flimmer verwirrt werden, kann das sehr entspannend sein. Auch wenn Ihre Frau dabei ist und Sie hatten noch vorher Streit gehabt, tut es gut, sich mal ein wenig aus den Augen zu verlieren. Nun kommt die dritte Stufe der Peter-Sloterdijk-Entspannnungstasche: NICHT SPRECHEN.

Der Weg der Taschenhenkel geht nur über die Nase. Ein anderer Weg ist nicht möglich. Okay, das muss optisch nicht immer gut aussehen, aber Sie trainieren gerade Ihre 17 Lachmuskeln, da kann man bei sich selbst anfangen und sich nichtmehr so ernst nehmen. Lassen Sie also die Tasche über die Nase schnellen. Die Nase freut sich, auch mal, ganz anders genutzt zu werden als nur zum Nasenputzen. Und ich muss Ihnen ganz ehrlich sagen: Diesen Augenblick, in dem die Tasche über die Nasenspitze schnellt, finde ich durchaus erotisch. *(Lässt dabei die Tasche über die Nasenspitze schnellen.)*

Uiih! Uiih! Kurz nach Bewältigung des Nasenberges erreichen die Träger Ihren Mund und schließen ihn. Sie erreichen die dritte Stufe der Peter-Sloterdijk-Entspannnungstasche: NICHT SPRECHEN. *(Die Halter der Tasche verschließen den Mund.)*

Das tut mal ganz gut, still sein zu dürfen. Geben wir es ruhig zu, man hat nicht immer was zu sagen. Schweigen wir. Genießen wir diesen Augenblick der Selbstbeschränkung. Wir haben die drei wichtigen Stufen eines Neubeginns bewältigt. Nichts hören, nichts sehen, nichts sprechen. Nun kommt es aber. Da waren die drei Entspannungsstufen nur ein Warming up, ein Vorspiel. Sie müssen sich nun entscheiden. Es geht um Leben und Tod. Lassen Sie die Taschenhenkel wie einen Galgenstrick um Ihren Hals fahren. *(Der Vortragende lässt die Tasche als 4. Stufe um den Hals schnellen.)* Das leichte Würgen erinnert an Ihr baldiges Ende; tun Sie Buße, damit Sie die Ewigkeit nicht unvorbereitet antreffen.

Und schon überkommt Sie die erste Erkenntnis: »Vorher war's besser.« Natürlich haben Sie geklagt über das Wetter und die hohen Fleischpreise, aber »vorher war's besser.«

Und noch eine Entdeckung berührt Sie, Sie haben wieder mehr Sehnsucht, zum Beispiel nach »Luft!« Ja, Sie brauchen »Luft«; Glück ist was für Anfänger.

Und dann wird Ihnen eine weitere Tatsache geschenkt: C.G. Jung muss nicht überall dabei sein. C.G. Jung wird auch überschätzt. Zur Not hätte auch die »Mundorgel« gereicht.

Die letzte Offenbarung ist dann die wichtigste, die Ihnen auch die Entscheidung abnehmen wird, die Ihnen den Schritt ins Leben wieder glättet: Sie wären gleich dran gewesen. Sie hätten nur noch ein wenig warten müssen, dann hätte sich eine Tür auch für Sie geöffnet. Und dann fragt auch schon die Frau hinter der Ladentheke: »Hallo, Sie da mit dem roten Wackelkopf. Wollen Sie hier nur angeben oder vielleicht auch noch Wurst kaufen?«

Und dann wissen Sie wieder: Das sind meine Leute. Da gehöre ich hin. Die tragen ihr Herz auf der Zunge. Und dann entscheiden Sie sich natürlich für das Leben. *(Er löst den Hals von der Tragetasche).* Und dann lachen Sie mit allen 26 Gesichtsmuskeln, also auch mit denen, die gar nicht dafür zuständig sind. Die freuen sich doch auch mal, wenn sie was Sinnvolles machen dürfen ... Und dann wird es doch noch ein sehr schöner Tag.

Aus »Wie ich mit Gott Karaoke sang«

[…] Auf einmal stand Gott neben ihm. So wie er auch einen Bademeister erkannt hätte, wenn er verbotenerweise vom Beckenrand ins Wasser gesprungen wäre, wusste er sofort, dass es Gott war, der vor ihm stand, obwohl er wesentlich kleiner war, als er ihn sich immer vorgestellt hatte. Gott trug eine graue ¾-Hose und hatte über einem Karohemd eine dunkelgrüne Weste angezogen, die dafür verantwortlich war, dass er schwitzte. Er hatte kaum Haare, und sogar die versteckte er unter einem Fischerhut. Außerdem hatte er sich eine Tasche umgehängt, die einen zu langen Gurt hatte.

»Es kühlt gar nicht mehr ab, oder?«, fragte er.

Er holte aus einer Umhängetasche ein hellblaues Tuch und wischte sich durch das Gesicht.

Erich war plötzlich die Ruhe selbst.

»Ich springe«, sagte er. »Keiner kann mich davon abbringen.«

Gott gähnte. »Ich bin hier im Homeoffice«, sagte er. »Ich muss meinen ganzen Kram vom Hotel aus erledigen. Ich bin total gerädert.«

Erich tastete sich langsam vor zum Rand des Daches. »Ich habe mir alles genau überlegt.« Obwohl er seine Fellmütze trug, schwitzte er nicht mehr.

Gott blieb an seiner Seite. »Nichts gegen Homeoffice, aber mir fehlt der Kontakt zu den Menschen. Alles, was ich im Fernsehen sehe, erscheint mir so nachgemacht.«

Erich wollte sich auf kein Gespräch einlassen. Er hatte in diesem Augenblick andere Sorgen.

»Zum Glück wird hier gerade eine Tagung zum Thema ›Gott und die Welt‹ angeboten, da kann ich als Gasthörer dabei sein. Professor Hufschmitt soll sogar einen Vortrag halten.«

Erich stockte. »Professor Hufschmitt? Trägt er eine Nickelbrille?«

Gott lachte. »Ja, das ist er. Ein sympathischer Mann.«
Erich war überrascht.
»Hufschmitt verleugnet Gott. Er schrieb einige Bestseller zum Thema.«
»Ich saß heute mit ihm am Tisch.«
»Er kann Schicksalsschläge voraussehen, aber nur die kleinen. Er spürt, wenn die Vase gleich vom Tisch fallen wird, aber bemerkt nicht, wenn ein Meteorit sich der Stadt nähert.«
Erich dachte daran, wie er auf dem Stuhl eingebrochen war.
»Manchmal ist man erstaunt, was das Leben im Kleinen zu bieten hat«, sagte Gott. »Oft klappt das aber auch im Kleinen nicht.«
Erich machte einen Schritt nach vorne. »Ich bin es trotzdem leid.«
»Was denn? Was bist du trotzdem leid?«
Erich seufzte und hatte keine Lust, zu antworten. Das war doch keine Talkshow.
»Zum Beispiel unser Gespräch«, sagte er. »Jeder weiß doch, wie schwer alles ist.«
»Ich sag doch gar nichts«, entgegnete Gott. »Ich versuche nur, euer Leben zu begreifen.«
Erich schüttelte den Kopf. »Das macht jetzt wirklich Mut.«
»Was soll denn diese Tagung?«, fragte Gott. »Kann man einen Menschen, der nicht an Gott glaubt, davon überzeugen, dass es mich gibt?«
»Zumal die Kirche derzeit nicht den besten Ruf hat.«
»Wann hatte die Kirche schon mal einen guten Ruf?«
Erich schaute zu den Motten hin, die unermüdlich das Notausgangsschild umkreisten.
»Warum glaubt man nicht an meinen göttlichen Plan?«, fragte Gott.
»Weil man nie im Lotto gewinnt«, flüsterte Erich. »Weil die Liebe deines Lebens sich von dir trennt und weil man

jeden Tag darum kämpfen muss, dass man sich nicht selbst enttäuscht.«
»Professor Hufschmitt behauptet, dass sich der Mensch im Alltag keinen Glauben erlauben kann. Er muss sich durchboxen.«
»Professor Hufschmitt hat natürlich auch eine sehr dominante Frau.«
Gott schüttelte den Kopf. »Ich würde an mich glauben, auch wenn es mich nicht gäbe.«
Erich sog die Nachtluft ein. Der Mond schien hell, als wäre er ein Scheinwerfer. Umschwirrten sie ihn, als wären sie Motten? Er schaute auf Gott in seinen ¾-Hosen. Wer hatte ihm zu diesem Outfit geraten? Konnte es sein, dass ihm die ¾-Hosen gefielen? Hatte Gott keinen Geschmack? Das würde auf jeden Fall einiges erklären: Mannheim, Birkenstock, Tennissocken und die Kastelruther Spatzen.
»Kann man nicht von allem, was einen nervt, erlöst werden?«, fragte er.
»Sonst noch was?«, fragte Gott. »Soll es immer nur nachts regnen und zu Weihnachten wird Schnee gewünscht?« Er zog seine ¾-Hose hoch.
»Ich bin müde«, sagte Erich. »Man kommt doch zu nichts, wenn man nur wach ist.«
Gott schaute ihn an, als könnte er nicht glauben, dass die Menschen so anders geworden waren, als er gedacht hatte. Er schüttelte den Kopf. »Erinnerst du dich an Frau Andres?«, fragte Gott.
»Du meinst unsere Tischbedienung?«
Gott nickte. »Sie kümmert sich gerade um ihre kranke Mutter. Nach der Arbeit verschwindet sie immer zügig, um ihre Mutter nicht zu lang allein zu lassen. Seitdem ihr Mann von einem Jahr bei einem Autounfall gestorben ist, weiß sie kaum, wo ihr der Kopf steht.«
»Das habe ich nicht gewusst.«

»Erinnerst du dich noch an das Kind, das vor dir stand und Bauklötze staunte?«
Erich hatte schon nicht mehr an das Kind gedacht, das vor ihm stehengeblieben war, obwohl es ihm aufgefallen war, weil es nichts auf die Wischwegtafel gemalt hatte, was man wegwischen konnte.
»Das wird mal Leiter vom Ordnungsamt werden und Stadtteile evakuieren, wenn eine Bombe entschärft werden muss.«
Erich schüttelte den Kopf. »Im Ernst?«
»Nein, das mit dem Kind war nur Spaß«, sagte Gott. »Worauf ich hinauswollte ...«
Erich schaute Gott an und konnte ihm nicht helfen.
»Jetzt weiß ich auch nicht mehr, worauf ich hinauswollte.«
»Ich würde dir das Leben, das wir führen müssen, gerne mal zeigen«, sagte Erich. »Kann sein, dass du mich dann verstehst.«
Er schaute in die dunkle Stadt. Einige Autolichter waren zu sehen und die bunten Lebenszeichen der Innenstadt, aber sonst war es dunkel, als gäbe es nur ihn und Gott.
»Deswegen bin ich hier«, sagte Gott. »Wird Zeit, dass ich mal mitten im Geschehen stecke.«
»Rechne mit dem Schlimmsten!«, warnte Erich. »Und mit dem Schönsten.«
»Da hab ich was zum Nachdenken«, sagte Gott.
Erich gab für heute sein Vorhaben auf. Er würde Gott das Leben zeigen, der Tod würde ihm schon nicht davonlaufen.
»Du hast Glück. Morgen Nachmittag habe ich frei.«
»Tage mit Gott zu verbringen, ist eine neue Herausforderung«, sagte Erich.
»Ich hole dich ab«, beschloss Gott. »Für heute sollten wir Schluss machen.«
Er dachte nach. Gott hatte recht. Es begann zu tagen. Der Augenblick war verpasst. Er gähnte enttäuscht und auch erleichtert auf.

»Bis morgen«, sagte Gott.
»Mama, du darfst doch nicht um deinen Jungen weinen«, summte Erich die ganze Zeit und stand plötzlich vor seiner Haustür.

Erwin Grosche wird kurz gesellschaftsfähig (neben seiner Mama)

Aus »Grosches Gedanken«

Landrat Müller nimmt seinen Hut

Als hätten wir es nicht schon schwer genug. Nun hört auch Landrat Müller aus gesundheitlichen Gründen auf. Warum müssen eigentlich auch die Guten gehen? Sind sie nicht der Garant, dass wir ruhig schlafen können? Landrat Müller war immer da. Er war überall und immer da. Ich möchte nicht wissen, auf wie vielen Fotos er zu sehen ist, mit seinem oft ein wenig zu eng sitzenden Anzug, seinem schütteren Haar und einer schlichten Durchblickbrille. Man sah ihn auf Fotos im La Bohnita stehen und einen fairen Kaffee trinken, er stand im Hintergrund, wenn irgendein Verein im Vordergrund stand, man sah ihn auf Fotos lesen, wenn die Lesetage in der Gesamtschule am Kaukenberg stattfanden, man sah ihn eine Rede halten, um die Arbeit von MS-Gruppen zu unterstützen, man kannte ihn von Fotografien, wenn er im Kreishaus eine Ausstellung von Hans-Josef Mertensmeyer eröffnete, er war dabei, wenn sich die Erstklässler der Lutherschule vorstellten, und ich meine, ihn auch auf einem Foto erkannt zu haben, wo er bei einem Rockkonzert von Lothar Pohlschmidt im Chor mitsang. Noch heute bin ich überrascht, wenn ich Fotos sehe, auf denen er nicht zu sehen ist. Er war immer da. Mein Lieblingsfoto zeigt ihn, wie er neben Anselm Grün bei den Franziskanerinnen in Salzkotten auftaucht. Man muss zweimal schauen, wer dort wer ist, obwohl sie eigentlich keine Ähnlichkeit miteinander haben. Das nennt man Demut. Er war immer da. Ich habe schon manchmal vermutet, dass er noch drei Doppelgänger haben muss, denn alleine ist sein Arbeits- und Auftrittspensum nicht zu schaffen. Er ist geschätzt als Redner, dem man zuhört und der sich einfügen kann. Er kann auch Reden halten, die kurz sind und sich reimen. Er ist stets gut informiert und hört wirklich zu. Sein Lebensmotto »Wer Mut hat, macht Mut« ist überall zu spüren. Wenn sich Landrat Müller mit anderen unterhält – und dabei meine ich wirklich »sich unterhält« – und auch von sich erzählt, hat man einen Politiker vor sich, der herzlich ist und Zeit für einen hat. Ich habe witzigerweise immer gedacht, dass »Landrat« sein Vorname ist. Seit dem letzten Schützenfest (wo passiert sonst sowas?) duzen wir uns und ich weiß, dass sein eigentlicher Vorname »Manfred« ist. Eigentlich weiß ich bis heute nicht, was ein Landrat macht, außer zu viel. »Ich war und bin gerne Landrat des Kreises Paderborn. Dieses Amt ausüben zu dürfen, für die Menschen dieser Region, war und ist für mich ein Herzensanliegen, eine Berufung«, sagte Landrat Müller der Presse. Lieber Manfred, werde erst mal wieder gesund. Das ist das Wichtigste. Die Menschen dieser Region sagen »Danke«. Ich auch. Es hat Spaß gemacht, dich zu treffen und an deiner Seite zu sein. Wir sehen uns.

Einmal kurz, bitte

Endlich haben die Friseurläden wieder geöffnet. Nach wochenlanger Schließung dürfen sich die Haarkünstler und -künstlerinnen in alter Frische über unseren Kopf hermachen. Die Auswirkungen waren auch nicht länger zu übersehen. Alle, die auf ihr Aussehen achten müssen, wurden vor fast unlösbare Aufgaben gestellt. Bürgermeister Dreier wirkte in seinen Videobotschaften, als wäre er entführt worden. »Liebe Mitbürger, kürzlich dachte ich, ich hätte den Schlagzeuger von ZZ Top getroffen, aber dann war es Klaus Schröder von den Grünen.« Ein Bekannter von mir glaubte in der letzten Woche, er würde sich mit Michael Pavlicic, Ratsherr der CDU, unterhalten, dabei stand Reinhard Borgmeier, Fraktionsvorsitzender der Linksfraktion, vor ihm. Franz-Josef Henze von der SPD soll nun im Afro-Look seinen Verpflichtungen nachgehen. Wenn man jetzt eine Ratssitzung einberufen würde, könnte man glauben, Die Grünen hätten die letzte Wahl gewonnen.
Auch die Beamten der Stadt Paderborn versuchen, auf ihr Erscheinungsbild zu achten, und erinnern doch nur an die Hausbesetzerszene der 70er Jahre. Die Erde trägt einen Irokesenschnitt. Nur der Leiter des Ordnungsamtes, Udo Olschewski, überzeugt wie immer durch sein tadelloses Aussehen, wobei »lange Haare« nicht sein Hauptproblem sind. Die Lehrkräfte sehen inzwischen aus wie ihre Schüler und Nachbarinnen erkennen ihre Nachbarn nur noch an den mitgeführten Hunden. Gut, dass sich was ändert. Ein Freund von mir ging noch in der letzten Woche zu einem Hundefriseur, wurde aber vorher enttarnt, weil er kein Männchen machen konnte. Nun weiß man wieder die Kunstfertigkeit der Friseure zu schätzen. Natürlich muss man sich an neue Umgangsformen gewöhnen. Man darf sich zwar die Haare schneiden lassen, soll sich aber nicht mehr unterhalten. Wie soll denn das gehen? Am besten betritt man schweigend den Salon und reicht der Friseurin

ein Foto von Judith Rakers oder Julia Roberts entgegen, damit sie einen Anhaltspunkt hat, wie man auszusehen wünscht. Männer könnten ein Foto von Vizebürgermeister Honervogt mit sich führen, damit wir in Zeiten der Krise in einem einheitlichen Look durch Paderborn flanieren können. Weitere Kontaktaufnahmen brauchen im Salon nicht stattzufinden. Warum auch? Wir haben uns im Augenblick nichts zu erzählen. Wir haben nichts erlebt und man will ja nicht nur klagen. Das Amalthea-Theater hatte zu und die Urlaubsreisen fielen aus. Wenn es hochkam, dann war man mal in Dörenhagen. Was soll man denn davon erzählen? Selbst unsere heimischen Promis haben sich benommen – oder gibt es neue Skandale von unserem Schützenkönig zu erzählen?
Übrigens habe ich gehört, dass die Sehnsucht nach einem Friseurbesuch so groß sein soll, dass manche Haareschneider angefangen haben, ihre Kunst per Livestream in jedes Wohnzimmer zu senden. Die Zeiten sind sonderbar geworden. Man muss mit allem rechnen.

Paderborn bleibt erstklassig

Der Abstieg des SC Paderborn aus der Bundesliga ist traurig, aber keine Katastrophe. Nur Kinder glaubten wirklich daran, dass Paderborn deutscher Meister werden könnte. Ich übrigens auch. Wenn man sich die anderen Rabauken in der 1. Bundesliga anschaut, haben wir noch Glück gehabt, dass wir einigermaßen gesund aus der Geschichte herausgekommen sind. Was will denn Flipper im Haifischbecken, was will Bambi bei Tönnies? Ein Abstieg muss kein Beinbruch sein. Ich bin mir sicher, dass Paderborn auch weiterhin geliebt werden wird. Hallo, wir haben der Welt unser Paderborner Brot geschenkt. Die einzigartige »Himbeer-Marmelade kernlos ohne Zuckerzusatz 430 g« kommt von STUTE und der beliebte Paderborner Kaffee »Pader Bohne« wird bei La Bohnita angebaut. In der Ostwestfalenmetropole kann man frühstücken, als wären wir Bayern München. Aus Paderborn kommt auch effect, der erfolgreiche Energy Drink, der nicht nur in der Community für Power sorgt, sondern auch unseren Humor szenekompatibel gemacht hat. Ein Energydrink aus Paderborn, das ist nicht nur lustig, das ist eine Botschaft. Paderborn ist nicht aus dem Rampenlicht der Weltöffentlichkeit verschwunden.

Wir haben die Südstadtmilbe. Keine Stadt in der Welt hat eine Südstadtmilbe. Ich meine, man kann nicht wirklich stolz sein auf unsere Südstadtmilbe, aber sie lässt einen Besuch in Paderborn unvergesslich werden. Paderborn muss sich nicht verstecken. Als einer der letzten Mützenmacher Deutschlands sorgt sich Adolf Heinrichsdorff vom Marienplatz um unser Aussehen. Selbst in Hotels in Moskau und Dubai sind Pagenmützen aus Paderborn eine übliche Kopfbedeckung. Paderborn hat sich zum Glück nie nur über den Fußballsport definiert.

Wir haben hier Eugen Drewermann, den besten Kirchenkritiker der Welt, der gerade 80 Jahre alt und auch Vorbild für eine völlig neue Pullovermode geworden ist. Der Drewermannpullover ist nicht nur bequem, man glaubt in ihm auch anders. Man trägt ihn auch gerne bei Vorträgen, weil er nicht vom Gesagten ablenkt. Unser Bürgermeister hingegen provoziert gerne durch Krawatten in schillernden Farben. Da ist es andersrum, die trägt man, weil sie vom Gesagten ablenken sollen. Unser Erzbischof kann Cello spielen und im Südring kann man bis um 22:00 Uhr einkaufen. Paderborn ist eine Reise wert. Im Jahre 1996 besuchte Papst Johannes Paul II. nur zwei Städte in Deutschland, das waren Berlin und natürlich Paderborn. Ich traf Gott kürzlich im Paderquellgebiet und fragte ganz erstaunt, was er denn hier mache, und er schaute mich an und flüsterte: »Homeoffice«. Auf unseren Nummernschildern entdeckt man ein PB – Pb ist auch die Abkürzung von Plumbum und steht in der Chemie für Blei. Das kann doch kein Zufall sein. Nehmen wir unser Schicksal an. Wir leben in einer kleinen Stadt mit einer großen Aufgabe. Es ist unser Los, die Welt zu entschleunigen. Zeigen wir ihr, dass wir gute Verlierer sind. Die Gewinner müssen den Champagner verspritzen, die Verlierer dürfen ihn trinken. Machen wir uns also keine Sorgen um unser Image. Man kann auch in der 2. Liga erstklassig sein.

Wahlempfehlungen

Morgen wird gewählt und man wird bald wissen, welche Politiker und Politikerinnen den größten Zuspruch bekommen haben. Gerade wenn es um die Frage geht, wer unser nächster Bürgermeister werden soll, ist noch manche Überraschung offen. Ich weiß eigentlich nur, wen ich nicht wählen will.

Es fällt schon auf, dass die Menschen der Politik auf den Plakaten versuchen, einen guten Eindruck zu hinterlassen. Viele lachen und schauen freundlich in die Kamera. Es wäre einfacher, sich als Wähler oder Wählerin für einen Kandidierenden zu entscheiden, wenn sich alle zeigen würden, wie sie wirklich sind. Warum sieht man nicht mal eine unzufriedene Politikerin mit der Aussage: »Mir stinkt hier einiges. Ihnen auch?«

Ich habe jetzt erfahren, dass es im Café Röhren nur noch einen Filterkaffee gibt, wenn man zu acht Personen kommt, sonst lohnt es sich nicht, die Maschine anzustellen. Warum können nicht auch solche Ereignisse thematisiert werden? Warum kann eine Partei nicht sieben Personen abstellen, die mit mir dann Kaffee trinken gehen? Sieben Politiker auf dem Weg zum Café Röhren: »Was sagten Sie neulich in der Rede zum Wahlprogramm Ihrer Partei?«– »Nichts.«– »Das ist mir klar, aber wie haben Sie es formuliert?« Bürger und Bürgerinnen brauchen Informationen über »ihre« Volksvertretenden. Aussagen wie: »Er kann gut Skat spielen«, können manchmal mehr aussagen als diese Seifenblasensätze.

Wie wären denn Plakate, auf denen ein Kandidierender Rezepte seines Lieblingskuchens verraten würde? Zeig mir deinen Kuchen und ich sag dir, was du isst. Ich vermisse auch Plakate, auf denen Versprechungen gemacht werden, die nicht einzuhalten sind: »Ich mache dich reich und glücklich.« Es ist doch beruhigend, wenn Politiker wissen, worum es wirklich im Leben geht. Es könnte auch mal ein

Kandidat mit der Aussage überraschen: »Im Wahlkampf habe ich bemerkt, wie überzeugend Klaus Schröder ist. Ich bin mit meiner Frau übereingekommen, dass er unser Bürgermeister werden soll, und trete selbst nicht mehr zur Wahl an«. Solche Aussagen sind es doch, die uns das Vertrauen in die Politik zurückgeben. Ich habe eine Bekannte, die schaut sich immer den Ehepartner des Kandidierenden an, um dann zu entscheiden, wen sie wählen will. Wie wären denn im Vorfeld Infoplakate von Eheleuten und Nachbarschaft: »Er bringt zuverlässig den Müll raus«, »Kürzlich sah ich ihn, wie er Rasen mähte«, »Er grüßt mich immer freundlich«.

Übrigens gibt es im Café Röhren auch keinen Hawaiitoast mehr. Was ist denn eigentlich los in dieser Stadt? Wäre das nicht ein Slogan für eine weltoffene Partei wie die FDP? »Wir bringen den Hawaiitoast zurück nach Paderborn«? Machen wir uns nichts vor: Wenn Michael Dreier eine grüne Frau wäre, einen liberalen Migrationshintergrund hätte (Salzkotten zählt da nicht) und selbst heimlich die SPD wählen würde, dann hätten wir es schon. Gestern habe ich gedacht, dass ich endlich ein sympathisches Gesicht gefunden habe, das ich wählen werde, und dann war es das Plakat der Peter-Paul-Rubens-Ausstellung im Diözesanmuseum.

Ich verstehe wieder nur Bahnhof

Aktuelle Ereignisse verlangen manchmal, dass man die Erfolge dieser Kolumne zurückspult. Ist es nicht ihr zu verdanken, dass es in Dörenhagen wieder Bargeld gibt? War es nicht auch diese Kolumne, die Bäcker Lange dazu bewegt hat, seinen Kopenhagener wieder in die Kuchenregale zu stellen? Wirklich erleichtert bin ich, dass die deutlichen Worte zum Neubau des Stadthauses entdeckt wurden und dieses Thema endlich vom Tisch ist. Nun muss ich in der NW lesen, dass alle meine Bedenken zum neuen Bahnhofsbau die Entscheidungsträger nicht erreicht haben. Was ist denn da passiert? Das sieht man doch, dass dieser Bahnhofsneubau hässlich ist und die Reisenden abschrecken wird. Fängt Umweltschutz nicht auch bei der Gestaltung der öffentlichen Gebäude an? »Die unterzeichnenden Parteien sprechen von einem Meilenstein auf dem Weg zur nachhaltigen Mobilitätsdrehscheibe«. Parteien sprechen immer von Meilensteinen und Mobilitätsdrehscheiben, wenn dafür ein hoher Preis bezahlt werden muss. Auch ich habe mal einer Freundin die Vorteile unserer Trennung mit dem Satz erklärt: »Unsere Trennung ist ein Meilenstein auf dem Weg zur nachhaltigen Mobilitätsdrehscheibe.« Ein Kompromiss ist eine Situation, in der beide Seiten halbwegs ihre Interessen durchboxen konnten. Was haben denn die Bewahrer von Tradition und Würde erreichen können? Oder waren sie gerade verhindert und mussten sich um die Gestaltung des Königsplatzes kümmern? Man verkauft dem Bauer eine Melkmaschine und nimmt dafür seine einzige Kuh als Anzahlung. Wie sah denn der erste Entwurf des Bahnhofs aus – wie das Gefangenenlager Guantanamo?

Natürlich kann man durch die Gestaltung der Außenfassade den desaströsen Gesamteindruck mildern. Man könnte dort eine Uhr aufhängen. Gut kommen auch Sinnsprüche an wie: »Wer im Glashaus sitzt, sollte zum

Popeln in den Keller gehen.« Auf jeden Fall garantiere ich jetzt schon, dass dieser Bahnhofsbau bei den 100 schönsten Bahnhöfen NRWs nicht dabei sein wird. Das Beunruhigende an diesem Neubau ist das Akzeptieren der Mittelmäßigkeit. Solche Bauten verändern das »Wir-Gefühl« und das Schönheitsempfinden stumpft ab. Alle verkümmern in den gesichtslosen Metropolen. Der zur Verwendung kommende beigefarbene Mauerziegel werde sich harmonisch ins Stadtbild einfügen, hieß es bei der Vertragsunterzeichnung. Entweder schafft man wiederkehrende Trost-Anker zu solchen Würdenträgern wie Rathaus, Dom und all unserer Kirchenpracht oder man schafft hässliche beigefarbene Aufenthaltsorte, die es nicht wert sind, dass man sie gern hat und für spätere Generationen abfotografiert, damit man unseren Umgang mit dem Leben in Erinnerung behält. Vielleicht wird diese Kolumne ausreichen, um alle Beschlüsse zu überdenken. Ich bin selbst eine Mobilitätsdrehscheibe und verirre mich schon mal. Gute Nacht, Paderborn.

Das Karnevalsgefühl

Wenn in Paderborn kein Karneval gefeiert wird, ist das kaum zu bemerken. Andersrum ist es aber auch so. Aus uns herauszugehen, liegt uns nicht so. Das Karnevalsgefühl besteht aus einer Prise Oberflächlichkeit, einem Hauch Naivität und einem Löffel Selbstverleugnung. So wie Tomatensaft mit Pfeffer und Salz nur im Flugzeug mundet, klatschen alle plötzlich bei schlichten Liedern und lachen über Büttenreden, die nur zu ertragen sind, wenn der Alkoholpegel jeden so weit gebracht hat, dass er doppelt sieht. »Kommt ein Mann zum Arzt: ›Herr Doktor, ich seh alles doppelt!‹ – ›Na, dann legen Sie sich mal auf die Liege.‹ Fragt der Mann: ›Auf welche?‹«

Nicht umsonst glauben viele Paderborner, man verkleidet sich, damit man später auf Fotos nicht erkannt werden kann. Man darf nicht vergessen, dass die rheinischen Narren in Großstädten leben. In Paderborn trifft man sich am nächsten Morgen wieder. Im Karneval muss alles laut, bunt und unanständig sein. Die Übertreibung ist eine Grundvoraussetzung des fröhlichen Hochgefühls. Bei uns bekommt man zum Fest zehn Berliner zum Preis von neun, und wenn man die aufgegessen hat, ist Karneval vorüber und der Stecker wird gezogen. »Wie nennt man eine Blondine, die in die Steckdose greift? Funkenmariechen.«

Nun wurde ein großes Plakat gegenüber der Uni aufgestellt, auf dem der Ausfall des Karnevals bedauert wird: »Der Karneval macht 2021 nur eine Pause. Das Virus schicken wir dann bald nach Hause.« Da stimmt das Versmaß nicht. Die Aussage ist diffus. Unterschiedliche Silbenhäufungen in der ersten und der zweiten Reihe ergeben keinen schönen Sprechrhythmus. Und vor allen Dingen ist das langweilig. Nach diesen zwei Jahren, wo man nicht lustig sein musste, fangen wir wieder bei Null an. Ich habe eine Bekannte, der wird jetzt immer schlecht beim Schunkeln und dabei ist sie Busfahrerin. Man muss nicht über alles lachen, nur weil es lustig ist. Man muss nicht immer mitsingen, wenn man sich dabei schämt. Unsere Ernsthaftigkeit und Bescheidenheit sind auch liebenswert. Es muss jemanden geben, der den Überblick behält. Früher gab es auf Partys einen, der keinen Alkohol trinkt und alle mit dem Auto nach Hause bringt. Das ist der Paderborner. Es muss doch jemanden geben, der am nächsten Morgen das Frühstück ans Bett bringt und sagt: »Treffen sich zwei Rühreier, sagt das eine: ›Ich bin ganz durcheinander‹« Auch Karnevalisten brauchen einen Nüchternen, den man umarmen kann, sonst fallen beide um. Einen Paderborner kann man gut umarmen. Er liegt gut in der Hand und lacht nicht, wenn man ihn kitzelt. Ein Paderborner traf mal am Aschermittwoch einen einsamen Trinker in der Akka und fragte: »Warum gehst du denn nicht nach Hause?« Und der Trinker sagte: »Weil meine Frau böse auf mich ist.« Und der Paderborner fragte: »Warum ist sie denn böse auf dich?« Und der Trinker antwortete: »Weil ich nicht nach Hause komme.« Da umarmte der Paderborner den einsamen Trinker und brachte ihn, haste nicht geseh'n, nach Hause.

Aus »Weltlexikon Zwo«

ANDERSRUM: Ist es nicht sonderbar, dass die erste Scheibe des angeschnittenen Brotes hart wird, aber der erste Keks der geöffneten De Beukelaerolle weich? Besser ist es doch andersrum: Man ist doch nicht erst besoffen und trinkt dann Rum. Besser ist es andersrum. Man ist doch nicht zuerst klug und dann dumm. Besser ist es andersrum. Es wird doch nicht zuerst die Bombe entschärft und dann macht es Bumm. Besser ist es andersrum. Es frisst doch einen nicht zuerst der Bär und dann kommt das Gebrumm. Besser ist es andersrum. Man macht doch nicht zuerst alle unglücklich und bringt sich dann um, besser ist es andersrum. Man liebt doch nicht zuerst Megan Fox und dann Heidi Klum, besser ist es andersrum. Man verlangt doch nicht zuerst ein Mitspracherecht und bleibt dann stumm. Besser ist es andersrum. (Fassung 2023)

ARZTAUSFAHRT: Mein Nachbar hat eine Arztausfahrt, die jeder frei lassen soll. Auf seinem Schild steht wirklich das Wort »Arztausfahrt« und macht damit die Dringlichkeit deutlich, dass man als Arzt auch mal beim Tischtennisspielen in der heimischen Garage fortgerufen wird, um mit dem Auto ins nächste Krankenhaus zu fahren, um dort das Herz einer Eiskunstläuferin zu verpflanzen. Wenn dann ein Lieferservice des Tiefkühlriesen bofrost die Ausfahrt blockieren würde, dann wäre das schon peinlich.
Ich überlege mir nun auch ein Schild machen zu lassen: »Arztausfahrt. Ich werde gebraucht«, weil ich darunter leide, dass meine Ausfahrt oft zugeparkt wird und ich dann nicht meinen unwichtigen Tätigkeiten nachgehen kann. Ich mache mir über die Bedeutung meiner Existenz keine Illusionen. Niemand würde davon absehen, meine

Ausfahrt zu blockieren, wenn ein Schild mit der Information »Kleinkünstlerausfahrt« davor warnen würde. Ich denke auch, ein Hinweis »Lehrerausfahrt« würde die anderen Autofahrer nur kurz beeindrucken, um sie dann zu reizen, ganz bewusst davor zu parken. Wissen läuft nicht weg und manchmal lernen die Kinder mehr, wenn sie sich selbst überlassen werden. Der Hula-Hoop-Reifen wurde so erfunden. Am besten würde natürlich die Abschlepperausfahrt funktionieren. »Dies ist eine Abschlepperausfahrt. Wer hier parkt, wird kostenpflichtig abgeschleppt und muss sein Auto auf dem Autofriedhof in Dörenhagen abholen.«
Eine Abschlepperausfahrt, in der schon das Abschlepperauto mit laufendem Motor stehen würde, würde einen abschreckenden Eindruck hinterlassen. Da traute sich niemand hin und alle würden eher wieder vor meiner Kleinkünstlerausfahrt parken, wenn sich dort nicht schon ein Leichenwagen breitgemacht hätte.

AUSSERIRDISCHE: Dürfen Außerirdische alt sein? Dürfen Außerirdische ein Alkoholproblem haben? Was wäre, wenn Außerirdische Angst vor der Zukunft hätten? Sind Außerirdische nur männlich, oder schicken sie erstmal nur die Männer vor? Ist »Aneignung einer anderen Kultur« bei ihnen ein Thema, oder warten sie damit, bis sie was von uns wollen? Kommen Außerirdische immer von woanders her, oder könnten sie ostwestfälische Spuren haben? Ich traf jetzt einen Außerirdischen, der hatte Heimweh. Kann es sein, dass man denkt, dass Außerirdische klüger sind als wir, nur weil sie es geschafft haben, von ihrem Zuhause zu uns zu gelangen? Würden Außerirdische einen Pullover anziehen, der von mir gehäkelt wurde und auf dem steht: »Ein glücklicher Hund ist eine vorzeigbare Lebensleistung«? Das wäre eine große Enttäuschung, wenn sich Außerirdische in den wichtigen Dingen nicht weiterentwickelt hätten als wir. Vielleicht haben Außerirdische noch ein Telephon mit Drehscheibe. Bei uns in der Straße hat jetzt ein Außerirdischer ein Restaurant eröffnet, da gibt es »panierten Marabu« und so'n Zeug. Mir kam jetzt mal eine Außerirdische entgegen, die trug einen Pullover auf dem der Satz gestickt war: »Ein gut gepflegter Rasen ist eine vorzeigbare Lebensleistung.« Ich habe dann wie ein Außerirdischer gelacht, also »arg, arg, arg«. (So stelle ich mir vor, dass Außerirdische lachen. Wenn sie überhaupt lachen. Vielleicht sind sie stur wie die Franken. Wer weiß.) Manche stellen sich Außerirdische wie den Sohn des Dachdeckers vor, der als Jugendlicher aus Dörenhagen nach Berlin gezogen war und später Zigaretten mit Spitze rauchte und immer »krass« sagte, wenn ihm einer erklären wollte, was sich alles in Dörenhagen verändert hat.

BAUCHREDNER, DER: Bauchredner gelten als angenehme Gesprächspartner. »Irgendwann fällt dem schon was ein«, sagt man. Sie sind beliebt, weil eigentlich nicht der Bauch für das Sprechen zuständig ist. Warum kann der Bauch nicht sagen, auf was er Hunger hat? Ein Sprechen ohne den Mund zu bewegen ist möglich, aber warum sollte man das machen? Ich finde Bauchreden erträglicher, wenn man gleichzeitig dabei drei Bälle jongliert. Mich würden Fußredner mehr interessieren oder Oberarmredner. Einen Arzt, der bei der Operation einen Patienten mit dem Bauch anspricht, finde ich gut. »Hallo, hier spricht ihr Blinddarm.« Das ist lustig und hebt die Stimmung im OP. Auch wenn ein Taucher unter Wasser diese Kunstfertigkeit ausüben würde, wäre die Warnung vor dem Hai bis ins letzte Riff hörbar. Gibt es eigentlich Bauchrednerinnen? Könnte der Bauchredner beim Küssen einer Frau ihr gleichzeitig einen Lovesong vorsingen? Ich selbst höre meinem Bauch gar nicht mehr zu, wenn er versucht mir ein Gespräch aufzunötigen. Ich möchte auch nicht den Eindruck vermitteln, als purzelten die Wörter aus mir heraus, ohne von mir abgesegnet und autorisiert worden zu sein. Spricht da jemand aus mir, der mit Müh und Not die Baumschule geschafft hat? Viele Bauchredner haben ja mit einer inneren Stimme zu kämpfen, von der sie provoziert und vorgeführt werden. Es ist ihnen ja nicht möglich gleichzeitig der Stimme, die aus dem Bauch kommt, zu widersprechen. Ich könnte auch so tun, als halte ich mir den Mund zu, wenn bestimmte Wahrheiten nicht ans Licht der Öffentlichkeit kommen sollen. Ich weiß auch nicht, ob mein Verhalten gegenüber Lippenablesern fair wäre, außer ich sagte etwas Gemeines über Lippenableser und wollte nicht, dass sich das herumspricht. Hören Sie mal, ich kann auch Bauchsingen.

BEZIEHUNGSKISTEN: Ich habe eine Bekannte, die ist immer mit den falschen Männern zusammen. Wenn man mal auf einer Party einen Mann traf, der nicht zu ihr passte, war das meistens ihr Freund. Ich meine, wo findet sie die nur? Stehen die alle auf einem Haufen und tragen ihre Anzugjacken auf links? Gibt sie eine Annonce auf: »Suche falschen Mann zum unglücklich werden, Problemfälle angenehm?« Also wenn ich eine Frau wäre, würde ich mir einen von der Post nehmen. Die wissen, was auf nen Brief drauf muss, können Fahrrad fahren, denen stehen kurze Hosen und die wissen, wo alle wohnen. Das kann mal wichtig sein. Und wenn man ihn mal zu Hause haben will, dann schreibt man sich einfach einen Brief und den muss er bringen. Und wenn er schon mal da ist, kann er auch gleich den Müll rausbringen. Ja, und jetzt hat sie einen Hund, der ist so groß wie ein Pferd. Ich hoffe wenigstens, dass es ein Hund ist. »Tu einfach so, als ob er nicht da wäre«, sagt sie dann zu mir. »Tu einfach so, als ob er nicht da wäre.« Das hat sie früher über ihre falschen

Männer auch immer gesagt. Warum läuft sie immer so zielstrebig in ihr Unglück? Gibt es da was umsonst?

BRIEFBESCHWERER: Der erste Briefbeschwerer war ein fauler Postbote, der auf einem Postsack seine Mittagspause verbrachte. Später nahm man die Bibel, um die Briefe zu beschweren. Gott hat Gewicht. Ich kann mich auch an Zeiten erinnern als Peter Handkes »Gewicht der Welt« als Briefbeschwerer eingesetzt wurde und dadurch zu einem Bestseller wurde. (Natürlich nicht in der Taschenbuchausgabe und auch nicht als Hörbuch, obwohl es von Rainer Calmund eingelesen worden war.)

BÜCHER, VERFILMTE: Wieso kommen Filme, die einen dicken Romanwälzer umsetzen mit 90 Minuten aus, während sich der Leser drei Wochen abquälen muss, um die Vorlage mit 500 Seiten bis zum Schluss zu verarbeiten? Ich las mal an einem Buch vier Monate und drei Tage, dessen Verfilmung als Zweiteiler in der ARD zu sehen war. Warum kommen Schriftsteller nicht schneller auf den Punkt? »Der Mann war tot, sein Schwager hatte ihn erschossen.« Punkt aus, nächstes Buch. Man kann sich doch auch bei Personenbeschreibungen auf bekannte Personen beziehen, um die Phantasie des Lesers nicht zu überfordern. Ein Satz wie »Der Arzt, der aussah wie Jürgen Vogel, weigerte sich die Operation zu vollenden«, erleichtert unser Vorstellungsvermögen und ist eine Empfehlung für die geplante Verfilmung. So beschreibt man heutzutage eine Szene, bevor der Hundebesitzer den Toten findet und dabei einen Herzschlag bekommt.

CHINESISCHER FILM (Berndgeschichte 17): Einmal war ich mit Bernd in einem chinesischen Film. Der Film dauerte überheblich lange und man kann von Glück sagen, dass wir nicht noch immer in diesem Film sitzen. Ich habe während des Films immer nur zu Bernd geschaut und gedacht, dass ich auch so viel Geduld für den Streifen aufbringen kann, wenn Bernd das kann. Als wir aus dem Film kamen, war eine andere Jahreszeit angebrochen. Die Menschen um uns herum sprachen chinesisch und Männer, die aussahen wie wir, waren gerade das Schönheitsideal für viele Frauen. Bernd nickte nur und war nicht überrascht. »Die Türen in eine andere Welt werden nicht leicht geöffnet«, sagte er. »Man weiß manchmal gar nicht, dass man vor Prüfungen steht.« Da staunten alle und haben gelernt, die Welt ist groß und groß ist der Bernd.

CREMES AN UNGEWÖHNLICHEN ORTEN: Viele lagern ihre Cremes im Badezimmer, wo sie kaum benutzt werden. Man ist so beschäftigt mit den eingespielten Ritualen des Morgens, dass ausgefallene Cremes, die zum Beispiel speziell der Ohrenpflege dienen, keine Anwendung mehr finden. Vielleicht sollten wir manche Cremes aus dem Badezimmer holen, um ihnen an anderen Orten mehr Aufmerksamkeit schenken zu können. Ich habe einen Freund, der cremt sich sonntagabends immer die Füße beim Fernsehschauen ein. Er hat seine Creme auf der Lehne der Couch deponiert und nutzt nun manche langweilige Tatortkrimis (Münster), um seine Fußballen zu pflegen. Ich habe eine seltene Nasencreme im Eingangsbereich neben den Schlüsselkasten gestellt. Es gehört nun zu meinen Angewohnheiten kurz vor dem Verlassen des Hauses mir noch einmal die Nase einzucremen. Dann kann der raue Tag kommen, an mir beißt er sich die Zähne aus. Einmal entdeckte ich eine Lippencreme in einem Hobbykeller einer Mundmalerin. Dort macht die Lippenpflege Sinn. Hautöle von Weleda kann man auch gut sichtbar auf der Blumenbank platzieren. Sich kurz den Körper einreiben kann auch Ihren Gästen die angemessene Erfrischung bereiten. Spezialcremes, die sich allein um die Ohren kümmern, haben im Auto einen guten Platz. Eine Tagescreme in der Nacht zu benutzen kann erfrischend sein. Umgekehrt hinterlassen wir oft einen nicht gewollten Eindruck. Ich habe mal eine Zeitlang eine Kontaktcreme benutzt, die ich bei meiner Nachbarin deponiert hatte. Heute ist sie meine Frau. Gehen wir neue Wege und cremen uns immer gut ein.

ELEFANTEN: Gerne sagt man, dass jemand wie ein Elefant im Porzellanladen wütet, wenn er ungeschickt oder unsensibel zu Werke gegangen ist. Man sollte da aber Unterscheidungen treffen. Es ist nicht der indische Elefant, der sich in Porzellanläden aufhält und für Unordnung sorgt. Es ist der afrikanische Elefant, der eine Vorliebe für Porzellan entwickelt hat und an keinem Porzellanladen vorbei gehen kann, ohne dort seinen Rüssel hineinzustecken. Deutlich muss man darauf hinweisen, dass es nicht nur der afrikanische Elefant ist, den man dort antrifft, sondern auch, dass es sich dabei nur um die weiblichen afrikanischen Elefanten handelt, die gerne shoppen gehen und oft in einen Rausch geraten, den man sonst nur von Motten in Wollläden erwartet hätte. Der männliche afrikanische Elefant interessiert sich nicht für Töpferartikel und ist in der Regel in der Spielothek gegenüber anzutreffen. Vielleicht sollten Porzellanladenbesitzer mit ihren Verdächtigungen exakter um sich schmeißen und auf ihren »Elefanten-dürfen-hier-nicht-rein-Schildern« genauer darauf hinweisen: »Weibliche afrikanische Elefanten dürfen hier nicht rein«, um nicht wahllos alles vorzuverurteilen, was einen Rüssel hat und einen großen Suppentopf sucht. Natürlich gibt es dann viele weibliche afrikanische

Elefanten, die sich gegen dieses Porzellanladenverbot wehren werden. Elefanten haben immer recht. Erst gestern hatte ich Besuch von einer Elefanten-Delegation, die mir gerichtliche Schritte androhte, wenn diese Schilder vor Porzellanläden auftauchen werden. Sie kamen dazu in meine Küche gelaufen und hinterließen einen Trümmerhaufen. Ich sagte dazu nichts, und habe mir nun vorsorglich einen Besen mit einem Kehrblech in die Ecke gestellt. Manche Probleme löst man nur, indem man sie erträgt.

ERBSENEINTOPF: Plötzlich sah er in seiner Vorratskammer die Dose mit dem veganen Erbseneintopf. Er hatte sie mal für einen Freund seiner Tochter gekauft, der auch was zu Essen haben sollte, wenn alle anderen am essen waren. Es überkam ihn plötzlich der Wunsch diesen veganen Erbseneintopf zu probieren, und ihn dabei mit richtigen Würstchen aufzupeppen. Warum nicht? Er hatte auch mal den Film »Tod in Venedig« geschaut und dabei gespült. Manchmal muss man Grenzen sprengen und Gegensätze ziehen sich an. Ein richtiges Würstchen in einem veganen Eintopf würde alles in Frage stellen. Was wäre, wenn ihm das dann schmecken würde? Vielleicht lag die Wahrheit genau in dem Zusammenspiel von zwei Welten. Oder war die ganze Idee nur krank, und er hätte es verdient aus der Gemeinschaft der anständigen Menschen ausgeschlossen zu werden?

ERLEUCHTUNG: Ich glaube nicht, dass man erleuchtet werden muss, um glücklich zu sein. Ich kenne Erleuchtete, die fürchten sich im Dunkeln. Heute traf ich noch jemand Unbeseelten, da war ich froh, dass ich nicht erleuchtet war. Ich könnte mir vorstellen, dass man als Erleuchteter auch viele Menschen in den Hintergrund drängt. Meine Mutter wäre auch gern erleuchtet gewesen, aber sie hat wegen uns darauf verzichtet. Auf die Erleuchtung zu verzichten, um sich der Bewältigung des weltlichen Alltags zu widmen, kann auch zu einer Erleuchtung führen, die andere mitstrahlen lässt. Vielleicht liegt darin die größte Erfüllung des Menschseins. Erleuchtung blendet die Herzen der anderen. Für die eigene Selbstaufgabe zu sorgen kann auch eine Flucht sein.

ERWIN GROSCHE: »Hot hotter, Erwin Grosche! Paderborner Kleinkünstler begeistert mit Badehosenfotos. Tschüss, Extensions«, Wow! Erwin Grosche wagt Typveränderung. Niemand hat es ihm zugetraut. Erwin Grosche bedauert seine Hintern-OP. »Ich sehe aus wie Shrek«. Großes Geheimnis gelüftet! Ist Erwin Grosche längst mit seiner Claudia verheiratet? Große Augen und sonst nackt. Erwin Grosche zieht blank. Nach diesem Foto starben zehn Menschen.

GLOCKEN: Auch die katholische Kirche versucht mit der Zeit zu gehen. Natürlich müssen sie mit dem arbeiten, was da ist und sei es mit ihren Glocken. Das Geläut des Paderborner Domes besteht aus acht Glocken im Hauptturm und zwei Glocken im Dachreiter. Erst im Jahre 2019 wurden zwei neue Glocken in den Turm gehievt. Manche fragten sich, ob diese dadurch neu geschaffene Klangfülle sein musste, zumal der Kauf und die Anbringung der neuen Glocken mit erheblichen Kosten verbunden war. Schon nach den ersten Klangproben wurde aber klar, dass die katholische Kirche damit einen cleveren Plan verfolgte. Der Klang der beiden neuen Glocken vervollständigte nun den Gesamtklang des Deep Purple Klassikers »Smoke on the Water«: »Nebel auf der Pader«. Das Domgeläut beginnt also mit Cis– e– fis, das sind die ersten drei Töne, die auch bei dem berühmten Gitarren-Intro vorkommen. Ob damit wieder die Jugendlichen dem Sound der Kirche folgen sollen oder einfach der Erzbischof seinen persönlichen Musikgeschmack eingebracht hat, ist noch nicht erforscht worden.

HANDCREME: Kennen Sie »NIVEA MEN«, die neue Handcreme für Männer? Heute wollte ich sie ausprobieren, aber »haste nicht gesehn« zog sie sofort ein. Da gab es keine Vorwarnungen, Absprachen oder eine behutsame Annäherung. Ich hatte kaum den Satz auf der Dose gelesen: »Zieht schnell ein«, da war sie schon eingezogen. Schon vor dem »ein«, war sie weg. Futschikato, Tschüssikowski. Das war kein flüchtiges Vergnügen, eher eine Besetzung eines fremden Landes. Ich meine, bei mir im Hause ist vor einem Jahr eine Familie eingezogen, die hat ihre Umzugskartons immer noch im Flur stehen. Aber meine Creme, ratzfatz, eingezogen. Ich hatte mir »NIVEA Men« gekauft, weil sie, so vermittelten es die Werbebilder, von Surfern benutzt wird. Gerade Surferhänden scheint es wichtig zu sein, dass ihr Verfall gestoppt wird und man darauf achtet, dass keine Falten an Zeige- und Mittelfingern entstehen, egal wie hoch die Wellen einem entgegenschlagen. Schnell einziehende Handcremes haben Nachteile. Früher, in Zeiten als Männer-Handcremes noch nach und nach einzogen, haben die Eingecremten ihre Hände weit von sich gestreckt, damit man bloß nicht irgendwo Fettflecken hinterlassen konnte. Wenn die Frau gerufen hat: »Schatz, kannst du mir beim Abwasch helfen!«, hat man gesagt: »Geht nicht, meine Hand-Creme zieht gerade ein.« Rief sie: »Schatz, kannst Du den Kindern bei den Hausaufgaben helfen?«, konterte man: »Um Himmels Willen, meine Hand-Creme macht doch die ganzen Hefte fettig.« Eine Handcreme ist ein Pflegeprodukt. Ich bin mir nicht sicher, ob NIVEA mit dem Schnelleinzug die richtige Botschaft rüberbringen kann.

Pflege will genossen sein. Da kann man nicht drei Sekunden pro Hand ansetzen, und alle sind happy. Wie soll denn da der Preis von »NIVEA Men« gerechtfertigt bleiben? Sie kennen das, da kommt der Handwerker zu Besuch, weil man keinen Strom hat. Der geht in den Keller, macht ne neue Sicherung rein und sagt: »Gern geschehn, 150,- Euro.« Nein, so geht das nicht. Das weiß der Handwerker auch, dass man sein Geld verdienen muss. Alles braucht seine Zeit. Dem hohen Reparaturpreis muss eine angemessene Vorleistung vorangestellt werden. So ist es üblich, dass der Handwerker erstmal zu ihnen kommt, sagt: »Ach so, der Strom ist weg«, dann auf dem Dachboden nachguckt, im Kühlschrank sucht, im Gartenhaus was umräumt. Läuft also überall rum, macht die Lichtknöpfe an und aus, sagt dann kopfschüttelnd: »Da tut sich nichts«, bis er endlich im Keller verschwindet, dreimal seufzt, dann den Sicherungskasten sucht, stolpert, sich in der Nase bohrt, ihn dann aufmacht, ein wenig ratlos aus der Wäsche schaut, wieder seufzt, und schließlich die Sicherung austauscht. Wenn er dann das Licht anmacht und es überall hell wird, muss er sagen: »Da ham wa aba Glück gehabt. Das war knapp vor der Totalzerstörung. Macht 150,- Euro.« Dann geben sie ihm natürlich 200,- Euro, auch weil er sich alleine in den Keller getraut hat. Ich denke manchmal, wenn die Cremeprodukte wirklich so gut sind, wie sie sich anpreisen, dann brauchte man sie irgendwann nicht mehr. Dann könnte NIVEA dicht machen. Deckel drauf, Creme zu. Auftrag erfüllt. Wir schließen. Wir sind die Creme de la Creme.

IGEL: Erst als die Verkäuferin der Bäckerei Hermisch fragte, ob die beiden Brötchen zusammen in eine Tüte dürfen, war ihm klar geworden, dass dies gefährlich sein konnte. Durfte man das Tigerbrötchen zusammen mit dem Igelbrötchen in einer Tüte lagern? Er schüttelte den

Kopf. Das konnte ein Unwetter geben, von dem sich die Südstadt lange nicht mehr erholen würde.

JAHRE, SCHLIMMSTEN DIE: »536 war womöglich das schlimmste Jahr für Europa – und der Beginn von der vielleicht schlimmsten Epoche aller Zeiten«, sagte Padermann. Es wäre damit übler gewesen als 1918, als Krieg und Spanische Grippe Millionen Menschen hinwegrafften. Auch 1349 fiele gegenüber diesem Jahr ab, obwohl damals der Schwarze Tod halb Europa auslöschte. Historische Aufzeichnungen aus Europa, dem Nahen Osten und Ostasien beschreiben, dass der Himmel damals verdüstert war. Die Sonne konnte sich tagsüber nicht durchsetzen und schien nur matt durch einen permanenten Nebel. Klimadaten zeigen, dass die durchschnittlichen Sommertemperaturen um 1,5 bis 2,5 Grad Celsius fielen, was das kälteste Jahrzehnt der letzten 2300 Jahre einläutete. Aus China meldeten Überlieferungen, dass selbst im Hochsommer Schnee fiel. Weltweit fielen Ernten aus, oft über mehrere Jahre hinweg. Dann brach 541 die Justinianische Pest aus und forderte zahlreiche Opfer unter der geschwächten Bevölkerung – sie galt als eine der Ursachen für das Ende des Oströmischen Reichs. »Am allerschlimmsten war natürlich meine Scheinheirat mit Sybille«, sagte Padermann. »Dagegen war das Ende des oströmischen Reichs ein Kindergeburtstag.«

KAFFEEMASCHINE, DIE: Seitdem ich die unendlichen Fähigkeiten meines Computers entdeckt habe, empfinde ich den Aufgabenbereich meiner Kaffeemaschine doch als sehr überschaubar. Sie macht halt Kaffee. Das kann ich auch. Und dann diese Geräusche: Als würde man sie zur Arbeit zwingen. So spricht man im Schlaf, oder? Wie schlicht ihr Gemüt und einsam ihr Dasein. Sie ist die

Blockflöte unter den Küchengeräten. Zum Glück weiß ich stets, wo ihr Filter dann hinmuss. Es ist dort, wo beim Känguru der Beutel sitzt – nur höher. Hinten das Wasser und vorne der Kaffee, da kommt zusammen, was auch zusammengehört. Sie gibt stets nur ab, auch wenn sie bekommt, gibt stets sie nur ab, auch wenn sie bekommt. »Leben ist Geben und Verwandlung. Wasser zu Kaffee, das ist die Handlung!« Unglaublich wie naiv sie ist. Sie würde sogar Tee mit sich machen lassen. Meine Kaffeemaschine dampft immer, wenn es ernst wird, als ginge ihr die Puste aus. Als gebäre sie unter Schmerzen mit letzter Kraft und im Auftrag eines höheren Wesens, und das trotz Krupphusten, uns eine Tasse Filterkaffee. Ihr Stöhnen und Seufzen beim Tropfen und Mischen lässt uns erahnen und wie sie zischen: »Ich brauche mal Pause, ich brauche Entfaltung, ich brauch mal Urlaub, ganz sicher Entkalkung.« Einmal, da wollten wir in Urlaub fahren. Meine Frau hatte sich schon bei den Vorbereitungen so verausgabt, dass wir uns eigentlich trennen wollten. Die Kinder wären auch allein klargekommen, wenn wir ihnen den Computer gelassen hätten. Schließlich saßen wir doch alle im Auto und wollten losfahren, da fiel mir die Frage ein, die seit Menschengedenken die Weisen und Seher dieser Welt erschüttert hat: »Haben wir die Kaffeemaschine ausgestellt? ... Haben wir den leuchtenden Anknopf, den Stern aus Bethlehem, der uns im Dunkeln den Weg zu der Erlösung zeigen will, ausgestellt und verbannt ins Reich der Dunkelheit?« Ich lief also wieder ins Haus hinein. Machte die Küchentür auf und warf einen Blick auf sie. Da stand sie nun auf der Küchenarbeitsfläche direkt neben dem Toaster, als könnte sie kein Wässerchen trüben. Sie wirkte wie der gläserne Aufzug eines modernen Hochhauses. Zugelassen für zwölf Tassen Kaffee. Sie stand einfach nur da und wartete auf mich. Ich erinnerte mich plötzlich an diese Geschichte aus der Bibel von den zwei Zahnstochern, die auf einem Berg ankamen und einen Igel sahen und der eine Zahnstocher sagte: »Wenn ich gewusst hätte, dass hier auch ein Bus rauffährt, dann wäre ich nicht zu Fuß gegangen.« Und da war ich auf einmal so gerührt. Da war ich so gerührt wie ein Espresso mit drei Stückchen Zucker. Ich wusste auf einmal, diese Kaffeemaschine würde alles für mich tun, und sei es auch nur Kaffee. Seitdem gilt: Nicht ohne meine Kaffeemaschine. »Leben ist Geben und Verwandlung. Wasser zu Kaffee, das ist die Handlung!« Und natürlich war ihr Anknopf aus.

KOPFKISSEN: Viele fragen sich, warum wir Deutschen ein Kopfkissen mit den Ausmaßen 80 x 80 im Bett haben. Die Franzosen bevorzugen Kopfschmeichler im Format 65 x 65 oder 50 x 70 Zentimeter, den Schweden reichen 50 x 60, den Dänen 60 x 63. Die Österreicher kommen den Deutschen größenmäßig näher, halten sich aber mit 70 x 90 Zentimeter vom deutschen Quadrat fern. Die Schweizer, in ihrem Bestreben es allen recht machen zu wollen, bevorzugen drei Größen. Nur wir Deutschen sind dafür bekannt auf riesigen Kopfkissen zu ruhen, die fast die Hälfte des Bettes ausmachen. Man darf aber nicht vergessen, dass wir Deutschen das Land der Dichter und Denker sind. Wir denken sehr viel und ruhen danach unseren schweren Kopf auf einem riesigen und weichen Kissen aus. Auch unsere Regeln zur Mülltrennung sind so entstanden.

MELODIEN: Wo kommen die Melodien her, die wir manchmal pfeifen? Ich meine nicht die Melodien der bekannten Lieder, die wir Tag für Tag vorgedudelt bekamen? Nein, ich denke an die Melodien, die entstehen, wenn wir mit dem Kopf ganz woanders sind. Ich meine die Hintergrundmusik unserer Träume. Das ist der Sound, der unseren alltäglichen Handlungen den passenden Rahmen gibt.

Die aufgestaute Musik verändert den Trott unserer täglichen Handlungen. Wir sind der Kessel, der pfeift, wenn das Wasser kocht. Mein Pullover wurde gehäkelt beim Anhören der 7. Sinfonie von Schostakowitsch und hat drei Arme. Sowas passiert, wenn man sich gehen lässt. Ich habe mal beim Rasenmähen einen Walzer gehört, nun sieht der Rasen dementsprechend aus. Marschmusik wäre da passender gewesen. Viele Menschen denken bei einem Blumenkohlessen an Bach, beim Aubergine Braten an Satie, bei dem Aufschrei einer Hotelklingel an Johann Strauß, beim Durchblättern eines Briefmarkenalbums an Brahms, beim Schlipsbinden an Strawinsky, beim Häkeln eines Bikinis an Rimski-Korsakow, links ist Rimski, rechts ist Korsakow und beim Bademantel Bügeln an Udo Jürgens. Ich ertrage Vivaldis 4 Jahreszeiten nur, wenn ich dazu eine reife Banane esse. Würde Bach eine gesungene Version seiner Orchesterwerke gefallen? Würde er sagen, ich hätte sie gleich für nur eine Gesangstimme einrichten sollen? Ich weiß es nicht. Musik ist schön, weil sie schon vor uns hier war. Man muss ihr manchmal nur zeigen, dass es keine Grenzen gibt und Freiheiten auch wehtun können.

MONDMÄRCHEN: Die Astronauten schwärmten davon, wie schön die Erde, der blaue Planet, vom Mond aus betrachtet, aussehen würde. Musste man erst in Urlaub fahren, um festzustellen wie schön es zu Hause war? Dass der Mond nicht annähernd so viele Entfaltungsmöglichkeiten wie die Erde bietet, hätte ich allen auch vorher sagen können. Da war die Erde eindeutig schöner. Gucken Sie sich doch den Mond an. Da gibt es keine Imbissbude, keinen Kiosk, keinen Blumenladen und keine Dixiklos. Und ich meine, aus der Entfernung sieht alles schöner aus. Ich habe jetzt gelesen, dass die Astronauten der Apollo-11-Mission »Good-Will-Botschaften« aus 73 Ländern dabei hatten, um den Außerirdischen die Scheu vor den

Einwanderern zu nehmen. Ein guter Spruch zur rechten Zeit, zeigt deine Überlegenheit. »Worte statt Geschenke«. Richard Nixon, der damalige Präsident der USA, sammelte diese Grußbotschaften und drückte sie Neil Armstrong in die Hand. Es wird erzählt, dass Richard Nixon einmal einkaufen war, um Zutaten fürs Waffelbacken zu holen. Er steht also im Supermarkt, holt den Einkaufszettel hervor und liest: »Herr, unser Herrscher, / wie gewaltig ist dein Name auf der ganzen Erde; / über den Himmel breitest du deine Hoheit aus«, also den Psalm 8 aus der Bibel, den er eigentlich für die Good-Will-Botschaften ausgesucht hatte. Nixon wird blass und sagt: »Um Gottes Willen, jetzt stehen die Außerirdischen auf dem Mond, öffnen die Good-Will-Botschaften und finden meinen Einkaufszettel: »Butter, Zucker, Mehl, Eier, Salz, Backpulver, Milch«, auf denen die Zutaten für das Waffelbacken verewigt wurden. »Verstehen Sie? Da hat Nixon aus Versehen seinen Einkaufszettel mit der Grußbotschaft vertauscht. Wie peinlich. Was sollten denn die Außerirdischen über die USA denken, wenn die sich anstatt mit der biblischen Inanspruchnahme des Himmels mit einem Rezept für das Waffelbacken anbiedern wollen?
Aber vielleicht wären die Außerirdischen auch froh, neben all den aufdringlichen Grußbotschaften etwas Konkretes vorzufinden, mit dem man sich den Tag versüßen kann. Vielleicht würden sie dann später, wenn sie sich getraut haben, diese Waffeln nachzubacken, sagen: »Wer solche Waffeln backen kann, der weiß, was Liebe ist.« Vielleicht käme so Frieden auf die Welt. Frieden schaffen mit mehr Waffeln.

NICHTKÖNNEN: Gibt es etwas Schöneres, als wenn ein Mensch, der nicht singen kann, ein Lied von Whitney Houston singt? Die Schönheit des Nichtkönnens wird oft unterschätzt. Nichtkönnen ist ein menschlicher Anfang, die Perfektion ein langweiliger Schlusspunkt.

PADERBORNER BROT: Unter den über 3000 deutschen Sorten nimmt das Paderborner Brot eine besondere Stellung ein. Es ist sein zurückhaltendes Wesen, dass dieses Brot so liebenswert macht. Es schiebt sich nicht in den Vordergrund wie manche Vollkornbrote, sondern lässt jeden Belag, der auf ihm ruht, sich entfalten. Wem beim Bütterken der Käse oder die Wurst wichtig ist, entscheidet sich für das Paderborner. Es ist wie wir. Es ist der Andre Wiersig unter den Brotsorten, die Gudrun Lump unter den Backwaren, die IG Metall der Herzen und das Symbol für ein gottesfürchtiges Leben. Das Paderborner Brot hat die Urgestalt allen Brotes, es ist der Anfang der Backkultur. Jeder Käse richtet sich nach seiner Form. Da hat man keinen Ausfall, keinen Verschnitt, keinen Verlust. Alles passt zusammen wie Deckel auf Pott, wie Kreditkarte auf Kreditkartenablesegerät. Wie oft muss man beim Kasseler Scheibe um Scheibe opfern, bis der mittelalte Gouda es optimal ausfüllt? Ganz anders das Paderborner Brot. Hier bildet Belag und Scheibe eine Einheit, so wie innig sich Liebende. Schon der Knust kann belegt werden. Auch die runde Salami fühlt sich auf einem Paderborner Brot wie zu Hause. Natürlich entstehen bei ihrer Nutzung vier salamifreie Ecken, Nothaltebuchten, aber so soll es sein. Nun kann das Salamibrot auch von Vegetarierinnen festgehalten werden, ohne dass sie von der Wurst kontaminiert werden. Das nennt man die Salamitaktik. Das ist wie das Auflegen einer LP auf einen Plattenteller. Salami auf Brot. Da kommt Musik raus und jeder Biss ist Rock 'n' Roll. Ein Paderbornerbrot ist kein Quickie, kein One-Night-Stand. Frische und Spontanität ist was für Kinder. Vollkommenheit braucht Zeit. Das Paderborner Brot braucht einen Tag, um so zu werden, wie Gott es vorgesehen hat. Wir können warten, weil wir wissen, was uns erwartet. Verbringen wir den ersten Tag damit es nur zu betrachten. Stellen wir uns vor, mit was wir es belegen werden, wenn es zum Verzehr bereit ist. Ein Paderborner riecht wie die Erde nach dem Sommerregen in der Südstadt. Es hat eine Ausstrahlung wie der Fanblock vom SC Paderborn nach einem Torschuss. Es wirkt wie die Innenstadt nach einem Durchmarsch der Paderborner Schützen. Es bietet ein Zuhause wie der Paderborner Dom nach dem Kommen der Trostsuchenden. Ein Brot darf sich nur Paderborner Brot nennen, wenn es mit Paderwasser gebacken wurde. Alles andere wäre Aneignung einer anderen Kultur. Die Rothobornpader wurde 1036 von Bischof Rotho geweiht. Das schmeckt man einfach. Teilen wir das Paderborner mit denen, die hungrig sind, und danken den Bäckern, dass wir etwas haben, das die Welt zu einem besseren Ort macht. Danke Bäcker Hermisch, danke Bäcker Kloke, danke Bäcker Mertens, danke Bäcker Lange, danke Bäcker Goeken, danke allen Bäckern und Broteschleckern.

PANFLÖTENBLUES: Die Panflöte ist selbst schuld an ihrem schlechten Ruf. Wenn man hineinbläst, dann schallt es heraus. Thor Heyerdahl schiffte 1934 auf einer riesigen Panflöte nach Fatu Hiva und berichtete, wie der hivaschische Wind das Lied »El Condor Pasa« durch die Öffnungen der Panflöte pfiff. Ein Hit wurde geboren – und machte das Instrument weltweit angreifbar. Wer sein Existenzrecht auf nur einem Lied aufbaut, darf sich nicht wundern, wenn nach VHS-Panflötenkursen die hohen Selbstmordraten eine deutliche Spur hinterlassen. Heute kann man nicht mehr einkaufen gehen, ohne dass dieses Lied aus irgendwelchen Lautsprechern dröhnt oder sogar live in den Fußgängerzonen gespielt wird. Man kann doch kein Fischbrötchen essen, wenn jemand auf dem Bürgersteig »El Condor Pasa« herausposaunt? Eine Panflöte besteht aus zwanzig zusammengetrommelten Blockflöten. Da verbündete sich der Teufel mit Beelzebub, um gemeinsam Bambi aus dem Paradies zu jagen. Was sind 200 versenkte Panflöten? Ein Anfang. Muss man einen Poncho tragen, um Panflöte spielen zu können? Wo ist die Aneignung einer anderen Kultur, wenn man sie mal braucht? Ich habe jetzt mal geweint, als ich der Panflöten-Version von »Imagine« lauschen musste. Wie kann man »Imagine« von John Lennon auf einer Panflöte spielen? Klingt nicht alles, was die Pan-Flöte aus ihren Pfeifen lässt, wie eine gottverlassene Version von »El Condor Pasa«? Ich sah jetzt, wie ein Panflötenspieler unsere Nationalhymne blies. Ich hätte sie gar nicht erkannt, wenn nicht manche der Anwesenden aufgestanden wären und angefangen hätten zu weinen. In Bad Driburg gibt es ein Panflötenorchester, das nur zu besonderen Anlässen spielt. Oft ist schon die Tatsache, dass dort ein Panflötenorchester spielt, der besondere Anlass. Panflötenspieler sehen immer so aus, als litten sie unter ihrer eigenen Musik. Sie nuckeln an den Enden ihrer Pfeifen, als suchten sie nach etwas Trinkbarem. Manche spielen auch so, als hätten sie es gefunden. Es gibt eine neue Generation von Panflötisten und Panflötistinnen, die dem Instrument ein neues Image verpassen wollen. Sie tragen bei Konzerten Jeans und haben im Hintergrund eine Rhythmusmaschine laufen. Es gibt in Duisburg eine Fußgängerampel, die mit einem Panflöten-Dauerton reagiert, wenn ein Fußgänger den Zebrastreifen überqueren will. Sonderbarerweise erinnert auch dieser Panflötenton an eine minimalistische Umsetzung des Liedes »El Condor Pasa«. Ich weiß auf jeden Fall, dass bei meinem Eintreffen in der Hölle Simon & Garfunkel dort warten werden, um mich mit ihrer Interpretation des Liedes auf ewige Höllenqualen vorbereiten zu können. Spielt Teufel, spielt.

PATTEX: Die Klebemasse von Pattex sieht nicht so aus, als könnte sie Spaß verstehen. Ist es nicht das, was Außerirdische bei ihrem Kurzbesuch auf der Erde hinterlassen haben? Bringt Pattex das zusammen, was zusammengehört? Auch ein Kontaktkleber kann sich irren. Wer den Pattex-Sekundenkleber ins Spiel bringt, sollte genau wissen, was er tut. Heutzutage darf ja nichts mehr zerbrechen, ohne dass Pattex auftaucht, um es wieder zusammenzukleistern. Wenn Pattex ins Spiel kommt, kann Uhu einpacken. »Geh zu Mama, Uhu, sonst klebe ich dir eine.« Die Blumenvase von meiner Schwiegermutter sollte auf dem Boden zerschellen. Ihre Scherben waren ein Ausdruck meiner Gemütsverfassung. Man muss nicht alles wieder zusammenkleben, was auseinander gehört. Der christliche Gedanke des Teilens geht durch Pattex verloren. Ist Pattex der Antichrist?

PLACE, IN MY: (Coldplay) Meine Frau hat mich verlassen. Was soll ich sagen. Mir scheint, als wäre ich nie bereit für die Ehe gewesen. Ich empfinde das Alleinsein natürlicher, wenn man wirklich allein ist. Jetzt kann ich beim Frühstück auch mal den Knust essen. Natürlich gibt der Mann der Frau den Knust. Er ist der Mann, sie ist die Frau. Ich meine, ich habe auch den Müll rausgestellt, sie hat ihn gemacht. Und sonntagmorgens musste ich immer ganz laut »In My Place« hören von Coldplay. Gibt es etwas Schlimmeres als den Sonntag zu beginnen mit »In My Place« von Coldplay? Was macht man nicht alles, wenn man verliebt ist. Und in der Badewanne musste ich immer auf dem Stöpsel sitzen. Natürlich sitzt der Mann auf dem Stöpsel. Er ist der Mann. Sie ist die Frau. Ich habe sogar eine zeitlang geglaubt, das ist gesund. Nun habe ich das Bett für mich ganz alleine. Manchmal liege ich sogar auf ihrer Seite. Ich meine, was soll denn das, wenn der Platz da ist? Ich musste ja früher immer an der Wand schlafen, damit ich nicht abhauen konnte, wenn sie mir was vorlesen wollte. Ich lag immer an der Wand, quasi als Isolation. Nun liege ich auch mal auf ihrer Seite und bin immer als Erster im Bad, was natürlich nicht so viel Sinn macht, wenn man alleine ist. Jetzt habe ich auch immer beide Kissen. Ich habe ja früher gar nicht gewusst, dass ich ein Kissen habe. Mein Kissen war ja immer weg, wenn ich es schön haben wollte. Nun habe ich auch mal beide Kissen und keiner weckt mich, wenn sonderbare Geräusche ihren Schlaf stören. Früher hat sie immer gesagt: »Schatz Schatz, es schleichen wieder wilde Tiger ums Haus, kannst du noch ein wenig lauter schnarchen, damit sie wissen, dass ein Monster mich bewacht.«

PRIL: Ich habe mich als Spülmittel für Pril entschieden. Irgendwie habe ich mehr Vertrauen zu Pril als zum grünen Umweltfrosch. Gerade wenn es um die Beseitigung von Fett geht, will ich kein Risiko eingehen. Ich meine, was nützt mir die Rettung der Umwelt, wenn um mich herum alles in einer dicken Fettschicht erstarrt. Ein wenig schreckt mich nun aber das neue Auftreten von Pril ab. Das Spülmittel nennt sich ja nicht nur Pril, sondern Pril Kraftgel, so als müsste es sich selbst an seine besonderen Eigenschaften erinnern. Nun kommt es aber, es heißt ja nicht nur Pril Kraftgel sondern Pril Kraftgel Ultra Plus, als hätte es sich noch zusätzlich einen überall Eindruck machenden Adelstitel gekauft. Ich kann das alles verzeihen, verstehe nur nicht, warum sich Pril Kraftgel Ultra Plus auch noch unbedingt Pril Kraftgel Ultra Plus 5 nennen muss? Es ist mir schon klar, dass es damit seine spezielle Wirkkraft herausstellen will. »Ich bin Experte für, erstens, die Entfernung von Stärkeresten und, zweitens, fettlösend ist mein zweiter Vorname, und ich darf mich, drittens, Spezialist bei der Beseitigung von Eingebranntem nennen, und bin natürlich, viertens, ergiebig und gehe, fünftens, gegen schlechte Gerüche an.« Eine der größten Eigenschaften von Pril ist seine Bescheidenheit. Wie heißt es so schön bei Pril: »Solange Pril an Ihrer Seite ist, können Sie mühelos hartnäckigen Schmutz und Fett entfernen und dabei noch Energie sparen.« Was will man denn mehr? Ist es nicht das, was wirklich wichtig im Leben ist?

SILVESTERANSPRACHE: Wie kann man die Attraktivität von Silvesteransprachen steigern? Interessanter zu sein als die Ziehung der Lottozahlen ist die Vorgabe. Beliebter zu sein als die Wettervorhersage, das ist das Ziel. Ist es zum Beispiel nötig, dass man die Silvesteransprache zu Silvester hält? Hat man nicht gerade an dem Tag andere Sorgen als einer Silvesteransprache zu lauschen? Was sollen immer diese aufmunternden Worte und diese positiven Appelle an den Gemeinsinn? Muss man überhaupt zu Silvester etwas sagen, reicht es nicht, wenn man lächelnd in die Kamera schaut und den Daumen reckt? Nicht umsonst lässt man zu dem Fest Raketen knallen und gießt Blei. Der Wechsel von einem Jahr zum nächsten ist eine brutale Angelegenheit. Manche wollen das alte Jahr wiederholen, weil alles schief gegangen ist, andere halten schon die Tatsache, dass der Bundespräsident im Gegensatz zum Vorjahr nur ein Jahr älter geworden ist, für ein gutes Zeichen. Wird nicht auch die Silvesteransprache vier Tage vorher aufgezeichnet, damit der Bundespräsident an dem Tag seine Rede live im Fernsehen verfolgen kann? Einer muss zuschauen, auch ein solches Format braucht solide Einschaltquoten. Wenn wir aber an Anspruch denken, kommen wir an Wim Wenders nicht vorbei. Keiner kann die Langeweile so bloßstellen wie er. Lange Kamerafahrten und ewige Augenblicke, in denen geschwiegen wird, können so der Show Tiefgang geben. Wenders würde die Ohren, die Nase und andere Körperteile des Bundespräsidenten ins rechte Licht rücken. Er überhöht gerne das Atmen und zieht das Unwichtige ins Rampenlicht. Er gäbe den Stubenfliegen im Zimmer Raum sich einzubringen, man hörte sie summen und dann wieder nicht. Ich habe mal eine Silvesteransprache gehört, die von einer Leerdamer Käsesorte gesponsert wurde. Das war unpassend und wirkte würdelos. Trotzdem müssen Überlegungen erlaubt sein, dieser Sendung durch mehr Action neue Fans zu verschaffen. Der Bundespräsident könnte uns zum Beispiel auf einem Treppenlift entgegenfahren. Er könnte schon bei der Abwärtsfahrt anfangen zu begrüßen: »Liebe Mitbürgerinnen, lasst uns gemeinsam beginnen, wir saunen nun Innen, als wären wir Finnen und Finninnen und lasst Tränen rinnen.« Ich habe auch mal gedacht, dass man die Silvesteransprache in Farbe statt in schwarz-weiß ausstrahlen könnte und dann hörte ich, dass würde schon seit Jahren so gemacht. Man könnte auch Quentin Tarantino, den Meisterregisseur, fragen, ob er die Ansprache inszenieren und filmen könnte. Tarantino würde dem Bundespräsidenten ein blutgetränktes Pflaster auf die Backe kleben und ihn bitten eine schwarze Augenklappe zu tragen, als käme er von einem Kampf. Der Bundespräsident würde auf einem Motorrad sitzen, auf einem Pferd reiten. Er würde bei seiner Ansprache schwimmen oder im Bett neben seiner Frau liegen. Alles ist besser als dieses Thronen hinter einem Tisch, auf dem ein Bild von unserem Bundespräsidenten steht. Warum untertitelt man die Ansprache nicht mit koreanischen Übersetzungen? Das würde dem ganzen einen internationalen Anstrich geben. Warum nicht die Senderechte an der Silvesteransprache an andere Länder verkaufen? Ich könnte mir vorstellen, dass die Schweden und manche Belgier mit Steinmeier ins neue Jahr feiern wollen, gerade wenn man keinen Alkohol verträgt. Lasst uns dieser Kultsendung aus Mainz wieder Leben einhauchen. Berühmte Fußballer von Bayern München könnten zum Beispiel immer wieder im Bild auftauchen und dem Bundespräsidenten ungefragt Wasser einschütten. Ich weiß, wie Thomas Müller das genießen würde, dort aufzutauchen. Ein Lieferservice könnte in die Sendung platzen und eine falsche Pizza bringen. Man könnte die Silvesteransprache des Bundespräsidenten auch ausschließlich an Kinder richten und die Rede von einer Handpuppe sprechen lassen, vielleicht mit der Stimme von Ernie: »Liebe Mitbürgerinnen, lasst uns gemeinsam beginnen, wir saunen nun Innen, als wären wir Finnen und Finninnen und lasst Tränen rinnen.« Wir kriegen das hin. Das neue Jahr wird ein Blickfang.

Aus »Ein Frank im Schrank. Die berühmten Einfranksätze und Schnellfrankskizzen von 2024. Angereichert mit einigen Mehrfranksätzen von 2023«

DIE WIEDERGÄNGERIN: Man sah ihr an, dass sie schon mal gelebt hatte.

HIOBSBOTSCHAFTEN: Kann die Welt auch untergehn bei strahlendem Sonnenschein und heiterer Marschmusik?

SELBSTVERWIRKLICHUNG, DIE (NEUFASSUNG VOM AUGUST 2023): Ich sage immer, die Selbstverwirklichung wird weit überschätzt. Wenn alle sich nur noch selbst verwirklichen wollen, dann gnade uns Gott. Ich bin gerne mit Menschen zusammen, die bewusst unter ihren Möglichkeiten geblieben sind und lieber freundlich gucken und mir beim Umzug helfen. Ich habe einen alten Freund, der hat sich jetzt selbst verwirklicht, der macht nur noch Sachen, die sinnvoll sind. Das ist natürlich kaum auszuhalten. Ich kannte ihn noch, da hat er seine Eier im Wurstwasser gekocht. Gestern hat er meinen Rücken gekrault. Er raucht nicht, der trinkt nicht und will mich auf einmal kennenlernen. Was ist denn in den gefahren? Ich kenne mich doch kaum selber. Was soll es denn da zum Kennenlernen geben? Wenn man dabei wenigstens rauchen oder trinken dürfte, aber so? Ein Bekannter von mir, der hat sich jetzt selbst verwirklicht, der leitet einen Kursus über Zukunftsängste, läuft aber nicht besonders. Eine Freundin von mir, Ilona, die hat sich selbst verwirklicht, und ist seitdem nur noch am Weinen. Ich habe zu ihr gesagt, das kann man auch anders hinkriegen und nun sind wir geschieden. Ich sage immer, wenn sich solche Leute wie Markus Lanz oder Andrea Kiewel selbst verwirklichen würden, dann gnade uns Gott. Die sind doch schon angepasst kaum zu ertragen. Da lobe ich mir Andy Borg, der scheint in sich zu ruhen und strahlt gute Laune aus. Schade, dass er immer singen muss.

BAMBI UNZENSIERT: »Wenn man sich so dumm stellt, wie man ist, wirkt man eher klug«, sagte Bambi. (Aus den nicht veröffentlichten Bambitexten von 1986.)

PARFÜM: Manche benutzen ein Parfüm, damit man sie lieber hat. Das Gegenteil ist der Fall.

QÜEARXGRM: Er war heilfroh, dass sich das Wort *Qüearxgrm* nicht für das Wort *Würstchen* durchgesetzt hatte.

NICHT JOHNNY CASH: Kürzlich traf ich einen schwarz gekleideten Mann. Er lachte und sagte: »Hello, my Name is not Johnny Cash.« Zu wissen, wer man nicht ist, ist manchmal klärender als das Gegenteil. Natürlich kamen sofort Menschen vorbei und fragten: »Ist das nicht Johnny Cash?« Ich schüttelte den Kopf. »Das ist nicht Johnny Cash, aber fragt ihn selbst, er weiß auch, dass er es nicht ist.« Als er zu singen begann, waren alle Zweifel wieder da.

BAMBI UNZENSIERT Teil 5: »Punk bleibt Punk, auch wenn man Blockflöte spielt«, sagte Bambi. (Aus den nichtveröffentlichten Bambitexten von 1986.)

KING KONG: »Ich finde es nicht schlimm, wenn man immer der Stärkere ist.«

SÄGE: Natürlich klagte die Säge wieder am lautesten über das Abholzen der Bäume

MÖRDER: Weil der Mörder nicht auffallen wollte, hielt er der Kommissarin die Tür auf.

NULL: Was eine Null alles verändern kann.

DIE HEIMLICHE PUSTERIN: Wie schnell der Kaffee kalt wurde. Das ging nicht mit rechten Dingen zu.

STARKE EINFRANKLIEBESNACHT: Die Frau hatte mehr Muskeln als Frank. Das würde ihr Liebesspiel beeinflussen.

GLEIS 1: Gestern bin ich auf Gleis 1 in Paderborn losgefahren und kam auf Gleis 8 in Hannover an, sitze aber im gleichen Zug. Wie ist das möglich? Das ist, wie mit Petra auf eine Party gehen und mit Paula im Bett landen. Das ist doch nicht das gleiche oder ist es dasselbe? Ich habe auch schon erlebt, dass mein Zitronenspülmittel mehr nach Zitrone riecht als die Zitronen, die ich mir im Bioladen gekauft hatte. Kann sich da nicht das Zitronenspülmittel etwas zurücknehmen? Verwirrend war auch, dass das Zitronenspülmittel blau war. Gehört die blaue Flüssigkeit nicht zum Erscheinungsbild des Badreinigers? Wie lange können wir es uns leisten, die Wirklichkeit so zu kopieren, dass die Kopie nicht mehr den Erwartungen von der Wirklichkeit nahekommt? Sind Kühe lila und hat Gott einen Bart? Ist das Cover leichter zu verdauen als das Original? Es soll jetzt auch Duftbäume geben, die den »Büroduft« nachahmen können. Mein Nachbar hat den Duftbaum »Angst im Kleinen« im Auto hängen. Er riecht nach einem brennenden Haus.

NACKTSCHNECKE: Die Nacktschnecke sah aus, als fühlte sie sich nicht wohl in ihrer Haut.

MINIGOLF: Es gibt nichts Einsameres, als Minigolf alleine zu spielen. Da fühlt man sich auch als Gewinner mies.

MONSTER: Was hätte das Monster nicht alles werden können. Es bekam sogar als Kind Klavierunterricht.

RECHTSCHREIBLEXIKON: Heute habe ich mein Rechtschreiblexikon entsorgt. War das zu frü?

NOTBREMSE, DIE: »Wenn ich nicht so langweilig wäre, würde ich Dich zum Essen einladen«, sagte Bambi. King Kong gähnte nur und kratzte sich am Kopf.

GOTT: »Heute weiß ich nichts mit mir anzufangen«, sagte Gott und erschuf den Menschen.

GLÜCK: »Man braucht keine Witze zu machen, wenn man glücklich ist«, sagte sie und schmiss ihm eine Torte ins Gesicht.

HOCHZEITSFOTOS: Nach der anstrengenden Fotosession sagte der Bräutigam: »Wenn das so weiter geht, sehe ich schwarz für unsere Beziehung.«

Nachwort

Ein Lesebuch über Erwin Grosche zusammenzustellen, gleicht der Quadratur eines Kreises. Erwin Grosche hat nicht nur sehr, sehr viel publiziert, er ist auch in allen literarischen Genres unterwegs: Prosa, Lyrik, Szenischem, Film, Hörbuch, Tagebuch, Kolumne, Kinderprogramm, Kinderlied, Rocksong, Gebet … – und oft ist alles kunterbunt durcheinandergemixt (so wie der Autor beispielsweise nicht zwischen seinen Texten für Kinder und Erwachsene unterscheidet). Ebenso vielfältig sind seine Bühnenformate, die vom Soloprogramm über Rundfunk-Plaudereien, Theaterauftritten, Moderationen bis hin zu Darbietungen mit der Band »Die Flamingos« reichen. Der Autor legt Wert auf solche Freiheiten, die für ihn wichtig sind, um sich immer wieder selbst neu zu erfinden und zu überraschen. Der kreative Output gibt ihm recht: Der Katalog der Deutschen Nationalbibliothek Frankfurt weist – Stand März 2024 – fast 300 Buch- und CD- bzw. DVD-Titel von ihm auf, ein rekordverdächtiger Wert.
Will sagen: Ein Lesebuch wie dieses kann nur *Hinweise* auf den Autor Erwin Grosche bieten. Es kann die Bandbreite seines Schaffens allenfalls ansatzweise abbilden. Auf seine ungemeine Produktivität angesprochen, hat Grosche einmal geantwortet: »Es sind überfallartige Gedanken, die ich oft gar nicht hinterfragt habe. So kam die Wahrheit durch mich heraus. Ich bin kein Dichter im Elfenbeinturm, ich schreibe im Gehen.« Seine Ideen prasselten nur so auf ihn ein: »Ich habe oft den Eindruck, dass am Ende jedes Spaziergangs ein neues Buch entstanden ist. Ich schaffe es oft gar nicht mehr, meine Ideen zu verwirklichen. Wie viele Bücher ich geschrieben habe, weiß ich nicht mehr. Ich traue mich auch nicht, die PIXI-Bücher dazuzuzählen. Ich mach alles nebenbei, weil ich weiß, dass nur mit dieser Einstellung auch die unverblümte Wahrheit zufällig zu finden ist.«

In einem anderen Interview hatte er auf eine ähnliche Frage geantwortet: »Ich habe immer geschrieben. Seitdem ich schreiben konnte, habe ich mit Wörtern gelebt und ihren Bedeutungen. Mein Präses im Knabenseminar sagte einmal meinen Eltern, man könnte mich auf einen Stuhl festbinden und ich würde es nicht bemerken. Ich habe die Dinge immer so gesehen, wie sie schöner sind. Ich habe nie akzeptiert, daß die Dinge ihren Reiz verlieren. Bilderflut reißt mich mit, egal wohin. Da bin ich natürlich fein raus. Leider ist es immer ein großes Stück Arbeit, diese Gedanken in eine Form zu bringen, auf ein sauberes Blatt Papier, zum Briefkasten, zum Verlag. Eigentlich brauche ich nur die Augen aufzuhalten, alles andere passiert von alleine.«

So tummelt sich Grosche in vielen Gattungen, ohne jedoch seinen »unverwechselbaren Tanzschritt« aufzugeben. Am aktuellen Buchmarkt vermisse er den Mut zum Risiko und Eigensinn. Alles sei nur noch marktorientiert. Aus solcher Warte fühle er sich in seiner Außenseiterrolle wohl: »Ich kann mir zum Glück immer aussuchen, mit wem ich zusammenarbeiten möchte. Es sind in der Regel Leute, die ich schätze und die mich schätzen. Mit denen gehe ich dann gerne italienisch essen …« Und: »Ich plane auch weiterhin mit dem Glück als feste Größe in meinem Leben«.

Die Auswahl der Lesebuchtexte beginnt beim legendären Padermann, jenem mit allen Wassern (der Pader) gewaschenen Superhelden, der die Stadt Paderborn vor den Tücken dieser Welt beschützt. Nicht mit halsbrecherischen Aktionen, sondern mit kleinen, verschmitzten Kurskorrekturen, die den Alltag schnell wieder ins Gleichgewicht rücken. In der filmischen Umsetzung ist Padermann so übergewichtig, dass er kaum in sein Supermann-Kostüm passt. Dafür hat er immer ein Lächeln auf den Lippen. Und die Probleme, die sich auftun, lösen sich, kaum dass sie da sind, auch schon wieder in Luft auf.

Padermann ist der Held der kleinen Leute. Ein sympathischer Underdog, der durch sein entwaffnendes, amateurhaftes Understatement überzeugt. Erwin Grosche hat seinem Begleiter unzweifelhaft viel von seiner eigenen Lebensphilosophie mitgegeben.

Frühe Texte sollten im Lesebuch nicht fehlen. Obwohl mehrere Jahrzehnte alt, tauchen sie bis heute in Bühnenprogrammen Grosches auf. Vor allem ein Thema, das sich wie ein roter Faden durch sein Werk zieht: seine Hommagen an das Bäckerhandwerk – festzumachen an zwei Widmungstexten an seinen Vater, einem Bäckermeister. Ob Paderborner Brot, Streuselkuchen, Apfelkuchen mit Schlagsahne oder Torten in allen Variationen – die kulinarischen Genüsse symbolisieren jenes kleine Glück, jenes kostbare Gut, auf das man im Leben besonders Acht geben sollte. Von den vielen Stimmen über Grosche wurde exemplarisch das wunderbare Statement von Hanns Dieter Hüsch, einer Ikone der Kleinkunst, über Grosches frühe Texte aufgenommen. Ähnliche Lobeshymnen liegen in großer Zahl vor. Sie alle stellen das Außergewöhnliche, ja Einzigartige dieses Künstlers heraus.

Auch einige Klassiker wurden berücksichtigt (»Von den kleinen Omis am Meer«, »Rabentage«, »Hölle«), bevor wir wieder zu Padermann zurückkehren und beobachten können, wie er mir nichts, dir nichts Streitigkeiten aus der Welt schafft. Dann aber verzweigt sich der Grosche-Kosmos vieldimensional: Jugendbuch, Regionalkrimi, Kolumnen zu den Corona-Jahren, Gedankenspaziergänge zwischen Aphorismus und Aperçu – Grosche verwandelt alle Genres, und sei es auch nur im Nebensatz, zu typischen Groscheana, verleiht ihnen einen unverwechselbaren Grosche-Touch.

Und schon sind wir mitten in »Erwins Welt«, die vielen so ans Herz gewachsen ist. In der die Schwerkraft für Momente außer Kraft gesetzt scheint, in der alles nach eigenen (Un-)Gesetzmäßigkeiten passiert, mal urkomisch, mal grotesk, mal tragikomisch, manchmal aber auch clownesk-albern. Und in der man manchmal den Eindruck hat, als seien all die Gedankenblitze wie Meteoriten von einem anderen Stern heruntergepurzelt, kleine funkelnde Edelsteine, verblüffend einfache und doch tiefsinnige Einsichten in das Leben und das, was es eigentlich ausmachen sollte. Grosche erklärt uns die Welt augenzwinkernd aus seinem ganz speziellen Blickwinkel.

Und wer anders als er könnte so unschuldig, undogmatisch und ohne jede Peinlichkeit über das Phänomen Gott schreiben? Und das, ohne sich selbst zu verleugnen. Ob beim Matratzenkauf, in der WG oder sonstwo – auch der Band »Wie ich mit Gott eine Matratze kaufte« steckt voller Slapstick-Ideen und kurioser Momente, wie sie nur Erwin Grosche zufliegen. Gott ist bei Grosche übrigens ein netter, sympathischer, ganz nahbarer Patron und keineswegs der große Weltenlenker. In seinem Tchibo-Trainingsanzug steht er der modernen Welt eher staunend und einigermaßen hilflos gegenüber. Was natürlich zu allerhand Verwicklungen führt. Hier haben sich, Gott sei Dank, zwei gesucht und gefunden. Schräg und melancholisch – ein echter Grosche also.

Auch »Der alte Mann und sein Hund« spielt vor der Haustür des Autors. 24 Kurzkapitel beginnen jeweils mit dem Satz: »Der alte Mann ging mit seinem Hund spazieren.« Der Kleinkiez-Flaneur lässt uns teilhaben an seinen alleralltäglichsten Begegnungen und Gedankengängen, und die sind oft lustig, aberwitzig philosophisch, sehr oft aber auch nachdenklich. Nämlich dann, wenn sich der Erzähler fremd fühlt in einer Welt, in der sich so vieles verändert hat und anonymer geworden ist. Aber zum Glück gibt es ja den geliebten Apfelkuchen, während der Toast Hawaii schon bessere Zeiten erlebt hat. Im Abspann ist übrigens der Vierbeiner Milik als Mitautor genannt.

Hier wie dort animiert Grosche dazu, quer statt stromlinienförmig zu denken. Man muss – so seine Philosophie – einen *zweiten* Blick für die Dinge dieser Welt kultivieren. Alltägliches – zum Beispiel ungeliebte Hausarbeit – erlangt dann eine geradezu spirituelle Note (»Den Spülenden behütet Gott. Kein Feind stört ihn bei der Arbeit. Kein Mörder kommt und trocknet ab«).
Grosche bezeichnet sich selbst als Entdeckungsreisenden, der Expeditionen ins Abenteuer Leben unternimmt. Seine Assoziationen geraten immer wieder auf schiefe Umlaufbahnen. Er denkt nicht linear, sondern sprunghaft, in Spiralen, rhapsodisch. Und das Seltsame und Schöne daran: die paradoxen Geistesblitze besitzen einen hohen Grad an Stimmigkeit, treffen ins Schwarze. Profanes wird mit vermeintlich Bedeutungsschwangerem vermischt und umgekehrt. Nur bei wenigen Kleinkünstlern ist Humor so unkalkulierbar, mit spürbarer Nähe zum absurden Theater.
Die Texte aus dem Band »Die Weltenlauscher« gingen auf eine Ausstellung im Literaturmuseum Nottbeck zurück. Grosche hatte angeregt, seine vielen Erfindungen und »Denkapparate« einmal gesammelt der Öffentlichkeit zu präsentieren. Darunter ›bahnbrechende‹ Patente, die das Zeug dazu haben, die Welt grundlegend aufzumischen. Es sollen tatsächlich schwarzbesonnenbrillte Agenten der internationalen Großindustrie-Mafia auf dem Gelände des Kulturguts gesichtet worden sein, um zu ergründen, welches Startup das Zeug dazu hat, den nächsten Trend einzuläuten. Aber mal ehrlich: Der 6-Finger-Handschuh für zarte Frauenhände, die Psssst-Kiste, das tragbare Rednerpult, Entschleunigungstüten, die Peter-Sloterdijk-Entspannungstasche, Knautsch- und Knutschkissen usw. usf. in millionenfacher Massenproduktion – wäre das wünschenswert? Nein, bitte nicht. Die Welt soll sich doch bitteschön einen letzten Rest unschuldiger Naivität bewahren! Erwin »Padermann« Grosche wird dafür sorgen.

Grosches Humor altert nicht. Und treibt immer neue Blüten. Jedes Jahr kommen weitere Überraschungen und Paradoxien hinzu. Auf den ersten Blick mutet manches naiv an. Ist es aber ganz und gar nicht. Wer das glaubt, geht Deutschlands ungewöhnlichstem und poetischstem Kleinkünstler auf den Leim. Grosches Szenarien sind eher tragikomischer Natur. Der Kleinkünstler spürt die brüchigen Nahtstellen auf, die sich bei genauem Hinsehen überall auftun. Die Welt, die dabei herauskommt, ist unterm Strich alles andere als rosig. Grosche interessiert der »Problemfall Mensch« und dessen Behaupten-Wollen, Behaupten-Müssen in einer Gesellschaft, deren Gemütslage von Zersplitterung und Deformation bedroht ist. Sein Gegenmittel: Er stellt alles auf den Kopf, stiftet munteres Chaos, drückt den Reset-Knopf. Seine Relativitätstheorie ist ein wirkungsmächtiger Protest gegen die Bewegungsstarre des Alltags, gegen Routine und zermürbenden Trott. Und wer will schon an den aufregenden Seiten des Lebens vorbeistolpern, jenen kleinen Wundern, die der Alltag bereithält? Grosche verleiht ihm jenen entscheidenden Touch Skurrilität und Groteske, der das Gewöhnliche erträglich macht. Das Provinzielle, oft verpönt, wird von ihm geradezu geadelt.

Zu seinem 65. Geburtstag widmete die Zeitschrift »Die Warte« (Nr. 187, Herbst 2020) Grosche einen umfangreichen Sonderteil. Darin findet sich auch ein Interview, das Wilhelm Grabe mit dem Autor führte. Es zielt auf Kernfragen des Grosche-Werks. Zwei der damals gestellten Fragen sollen den Abschluss dieses Nachworts bilden.

Was ist Kleinkunst? Warum heißt Kleinkunst Kleinkunst und nicht Klein-Kabarett oder Kleinliedermacherei? Gibt es Kleinstkunst???

Kleinkunst ist keine Kunstrichtung, sondern ein Lebensgefühl. Es ist eine Beschreibung einer Schaffensform, die vom Künstler ausgeht. Sie kann überall verwirklicht werden und macht wenig Aufhebens von ihrer Existenz. Jeder kann sie ausüben und sie muss gar nicht umwerfend perfekt sein, sondern nur wahr. Wenn Kleinkunst für Kinder gemacht wird oder von Kindern gemacht wird, könnte man sie Kleinstkunst nennen. Trotz meiner Ausflüge in die Bereiche der Hochkultur bin ich überzeugter Vertreter dieser Kunstrichtung. Perfektion finde ich langweilig. Gerade, wenn man noch den Menschen hinter der Kunst spürt, entfaltet sie für mich eine besondere Wirkung. Was wären wir ohne Fehler? Der Fehler macht die Kleinkunst einzigartig und jede Aufführung zu einer Premiere. Ich kann mich oft an Übertreibungen in meinem Leben erinnern, wo ich für Großes ausgesucht wurde, aber mir dabei schnell langweilig wurde. Was soll ich in einem Film von Doris Dörrie auftreten? Das können andere besser als ich, aber meine kleinen Weltbetrachtungen über Paderborn, die sind nur hier und von mir zu haben.

Ist deine Kunst politisch?
Da ein Andersdenkender seinen Blick auf die Welt aufführt, ist meine Kunst politisch. Sie verlangt Respekt und Toleranz, also etwas, was man auch jedem anderen Andersdenkenden entgegenbringen sollte. Ich mache aber immer gerne drumherum ein paar Witze, damit dies nicht so auffällt. Ich habe ja keine Botschaften zu präsentieren, sondern Gemütslagen. Da ich in meiner Kleinkunst an die erinnere, die im Schatten stehen und oft übersehen werden, und damit meine ich auch mich, ist das wahrscheinlich politisch. Witzigerweise ist es oft so, dass gerade die, über die ich erzähle und berichte, sich lieber in ihrer Freizeit Comedy-Programme anschauen, wo sie einfach unterhalten werden. Das ist ja auch in Ordnung. Ich habe ja kein Grundrecht auf eine allgemeine Aufmerksamkeit. Es würde mit auch durchaus reichen, wenn ich der Einzige wäre, der mit meinen Texten was anfangen kann, obwohl es Tage gibt, wo ich mich auch selbst nicht verstehe.

Heute traf ich einen Mann am Lippesee, der mir eine Geschichte erzählen wollte und sie an einleitete mit den Worten »Herr Grosche, Sie sind doch auch ein bisschen politisch.« Und ich antwortete: »Kommt drauf an.«

Auf dem Weg ins Licht (1966) (Foto Bernhard Willig)

Textnachweise

Alle Padermann-Episoden finden sich in: Padermann, der Superheld. Paderborn: Lektora 2020, S. 13, 49, 89, 90f., 107, 120f., 130, 131f., 148f. Ausnahmen bilden »Padermann in Zahlen« und »Padermann und Rüdiger Nehberg«, in: Padermann, der Superheld. Paderborn, Paris: House of the Poets 2006, 38f., S. 88f. – Vom Bäcker des Dorfes, Von der Weißheit der Bäcker, Von einem Arbeitskollegen, Hanns-Dieter Hüsch: <Vorwort zu »Über das Abrichten von Grashüpfern«>, in: Über das Abrichten von Grashüpfern. Kleinstadtgeschichten. Paderborn: Igel 1989, S. 37-40, S. 73-75, S. 101f., S. 7-9 – Von der Begrüßung des einzigen Zuschauers, Von den kleinen Omis am Meer, Vom großen G und kleinen Glück, in: Vom großen G und kleinen Glück. Bühnentexte. Paderborn: Igel 1991, S. 9-11, S. 44f., S. 61f. – Hölle Hölle Hölle, Über das Glück, Fehlende Präsenz, Rabentage, Der Abschiednehmer, in: Lob der Provinz. Satirische Erzählungen. Neuauflage: Paderborn, Paris: House of the Poets 2008, S. 9-12, S. 61-63, S. 154-156, S. 166-169, S. 191-196 – Auszug aus »Anne und die Bankräuber«, in: dass. Paderborn, Paris: House of the Poets, S. 11-16 – Auszug aus »Weißer Sonntag«, in dass. Wuppertal: NordPark Verlag 2013, S. 161-172 – Kurze Strecken gehen Vögel auch zu Fuß. Letzte Erkenntnisse und wichtige Anmerkungen. Wuppertal: NordPark Verlag 2015 – Auszüge aus »Wie ich mit Gott eine Matratze kaufte«. Paderborn: Bonifatius 2016, S. 7-15 – Auszüge aus »Der alte Mann und sein Hund«, in: dass. Paderborn: Bonifatius 2017, S. 18-21, 57-60 – Der alte Mann und der Hund, in: https://musenblaetter.de/artikel.php?aid=33757 – Die Pullover-Variationen, Wahrheiten über Streuselkuchen, Die Peter-Sloterdijk-Entspannungstasche, in: Der Weltenlauscher. Paderborn: Lektora 2021, S. 43-

48, 49-52, 101-108 – Auszug aus »Wie ich mit Gott Karaoke sang«, in: dass: Paderborn: Bonifatius 2021, S. 20-24; Auszüge aus »Grosches Gedanken«, in dass.: Paderborn: Lektora 2022, S. 20f., S. 21f., S. 22-24, S. 37f., S. 56f., S. 90-92, S. 94f. – Auszüge aus »Weltlexikon Zwo«. Berlin: Verlag Akademie der Abenteuer 2024 – Auszüge aus »Ein Frank im Schrank. Die berühmten Einfranksätze und Schnellfrankskizzen von 2024. Angereichert mit einigen Mehrfranksätzen von 2023«, unveröffentlicht.

Den genannten Verlagen und Fotografen sei für die Gewährung der Abdruckrechte gedankt. Das Coverfoto stammt von Besim Mazhiqi. Erwin Grosche gilt ein besonderer Dank für die Mitarbeit an der Zusammenstellung dieses Lesebuchs und für die Auswahl der hier erstveröffentlichten Fotos.

Nylands »Kleine Westfälische Bibliothek«

Peter Paul Althaus (Bd. 1) ■ Gustav Sack (Bd. 2) ■ Hans Siemsen (Bd. 3) ■ Josef Winckler (Bd. 4) ■ Reinhard Koester (Bd. 5) ■ Elisabeth Hauptmann (Bd. 6) ■ Peter Hille (Bd. 7) ■ Jodocus Temme (Bd. 8) ■ Ernst Meister (Bd. 9) ■ Heinrich und Julius Hart (Bd. 10) ■ Max Bruns (Bd. 11) ■ Paul Zech (Bd. 12) ■ Andreas Rottendorf (Bd. 13) ■ Adolf von Hatzfeld (Bd 14) ■ August Stramm (Bd. 15) ■ Thomas Valentin (Bd. 16) ■ Paul Schallück (Bd. 17) ■ Richard Huelsenbeck (Bd. 18) ■ Erich Jansen (Bd. 19) ■ Felix Fechenbach (Bd. 20) ■ Fred Endrikat (Bd. 21) ■ Clara Ratzka (Bd. 22) ■ Annette von Droste-Hülshoff (Bd. 23) ■ Katherine Allfrey (Bd. 24) ■ Anton Aulke (Bd. 25) ■ Henriette Davidis (Bd. 26) ■ Katharina Schücking (Bd. 27) ■ Anton Matthias Sprickmann (Bd. 28) ■ Heinrich Jung-Stilling (Bd. 29) ■ Siegfried Johannes Schmidt (Bd. 30) ■ Erich Grisar (Bd. 31) ■ Johann Moritz Schwager (Bd. 32) ■ Reinhard Döhl (Bd. 33) ■ Hugo Ernst Käufer (Bd. 34) ■ Jenny Aloni (Bd. 35) ■ Michael Klaus (Bd. 36) ■ Max von der Grün (Bd. 37) ■ Hans Dieter Schwarze (Bd. 38) ■ Gerhard Mensching (Bd. 39) ■ Carl Arnold Kortum (Bd. 40) ■ Heinrich Kämpchen (Bd. 41) ■ Ferdinand Krüger (Bd. 42) ■ Werner Streletz (Bd. 43) ■ Rainer Horbelt (Bd. 44) ■ Engelbert Kaempfer (Bd. 45) ■ Heinrich Schirmbeck (Bd. 46) ■ Eckart Kleßmann (Bd. 47) ■ Otto Jägersberg (Bd. 48) ■ Mathilde Franziska Anneke (Bd. 49) ■ Heinrich Maria Denneborg (Bd. 50) ■ Arnold Consbruch (Bd. 51) ■ Maria Lenzen (Bd. 52) ■ Jürgen Schimanek (Bd. 53) ■ Willy Kramp (Bd. 54) ■ Wolfgang Körner (Bd. 55) ■ Frank Göhre (Bd. 56) ■ Hans Wollschläger (Bd. 57) ■ Otto zur Linde (Bd. 58) ■ Josef Reding (Bd. 59) ■ Siegfried Kessemeier (Bd. 60) ■ Harald Hartung (Bd. 61) ■ Ernst Müller (Bd. 62) ■ Justus Möser (Bd. 63) ■ Walter Vollmer (Bd. 64) ■ Christine Koch (Bd. 65) ■ Werkleute auf Haus Nyland (Bd.

66) ■ Ilse Kibgis (Bd. 67) ■ Franz Josef Degenhardt (Bd. 68) ■ Hans Marchwitza (Bd. 69) ■ Peter Florenz Weddigen (Bd. 70) ■ Gerd Semmer (Bd. 71) ■ Augustin Wibbelt (Bd. 72) ■ Otto Lüning (Bd. 73) ■ Otti Pfeiffer (Bd. 74) ■ Hugo Wolfgang Philipp (Bd. 75) ■ Liselotte Rauner (Bd. 76) ■ Levin Schücking (Bd. 77) ■ Georg Weerth (Bd. 78) ■ Fr. W. Weber (Bd. 79) ■ Ferdinand Freiligrath (Bd. 80)) ■ Erwin Sylvanus (Bd. 81) ■ Volker W. Degener (Bd. 82) ■ Richard Limpert (Bd. 83) ■ Elise von Hohen-hausen (Bd. 84) ■ Friedrich Wilhelm Grimme (Bd. 85) ■ Werner Zillig (Bd. 86) ■ Hermann Mensing (Bd. 87) ■ Norbert Johannimloh (Bd. 88) ■ Georg Bernhard Dep-ping (Bd. 89) ■ Horst Hensel (Bd. 90) ■ Heinrich Peuck-mann (Bd. 91) ■ Friedrich Adolf Krummacher (Bd. 92) ■ Ludwig Homann (Bd. 93) ■ Victor Kalinowski (Bd. 94) ■ Klaus Märkert (Bd. 95) ■ Ulrich Horstmann (Bd. 96) ■ Friedrich Grotjahn (Bd. 97) ■ Johann Lorenz Benz-ler (Bd. 98) ■ Inge Meyer-Dietrich (Bd. 99) ■ Ferdinand Kriwet (Bd. 101) ■ Josef Krug (Bd. 102) ■ Hans Dieter Baroth (Bd. 103) ■ Gerd Puls (Bd. 104) ■ Jürgen Brôcan (Bd. 105) ■ Georg Veit (Bd. 106) ■ Ralf Thenior (Bd. 107) ■ Ursula Bruns (Bd. 108) ■ Sigismund von Radecki (Bd. 109) ■ Karl-Ulrich Burgdorf (Bd. 110) ■ Dietrich Wachler (Bd. 111) ■ Sabine Deitmer (Bd. 112) ■ Georg Bühren (Bd. 113) ■ Jay Monika Walther (Bd. 114) ■ Monika Littau (Bd. 115) ■ Thomas Kade (Bd. 116) ■ Michael Roes (Bd. 117) ■ Heiner Feldhoff (Bd. 118) ■ Ulrich Straeter (Bd. 119). ■ Otto A. Böhmer (Bd. 120). ■ Hertha Koenig (Bd. 121) ■ Theodor Althaus (Bd. 122) ■ Marion Gay (Bd. 123) ■ Erik Reger (Bd. 124) ■ Thorsten Trelenberg (Bd. 125) ■ Herbert Berger (Bd. 126) ■ Horst Dieter Gölzenleuchter (Bd. 127) ■ Dieter Treeck (Bd. 128) ■ Hans Zippert (Bd. 129).